Weisung in Freude

Aus der jüdischen Überlieferung

Ausgewählt und eingeleitet von
Gertrude und Thomas Sartory

W0171420

Herderbücherei

1. Auflage Februar 1978
2. Auflage Juni 1978
3. Auflage Oktober 1981

Originalausgabe
erstmals veröffentlicht als Herder-Taschenbuch
Buchumschlag: Willy Kretzer

Herder Freiburg · Basel · Wien
Gesetzt in der Times-Antiqua (Monophoto)
Gesamtherstellung:
Offizin Herder in Freiburg im Breisgau 1981
ISBN 3-451-07633-0

Zur Einstimmung und Einführung

»Vor dem Gesetz steht ein Türhüter. Zu diesem Türhüter kommt ein Mann vom Lande und bittet um Einlaß in das Gesetz. Aber der Türhüter sagt, daß er ihm jetzt den Eintritt nicht gewähren könne. Der Mann überlegt und fragt dann, ob er also später werde eintreten dürfen. ›Es ist möglich‹, sagt der Türhüter, ›jetzt aber nicht.‹ Da das Tor zum Gesetz offensteht wie immer und der Türhüter beiseite tritt, bückt sich der Mann, um durch das Tor in das Innre zu sehn. Als der Türhüter das merkt, lacht er und sagt: ›Wenn es dich so lockt, versuche es doch, trotz meines Verbotes hineinzugehen. Merke aber: Ich bin mächtig. Und ich bin nur der unterste Türhüter. Von Saal zu Saal stehn aber Türhüter, einer mächtiger als der andere. Schon den Anblick des dritten kann nicht einmal ich mehr ertragen.‹ Solche Schwierigkeiten hatte der Mann vom Lande nicht erwartet; das Gesetz soll doch jedem und immer zugänglich sein, denkt er, aber als er jetzt den Türhüter in seinem Pelzmantel genauer ansieht, seine große Spitznase, den langen, dünnen, schwarzen tatarischen Bart, entschließt er sich, doch lieber zu warten, bis er die Erlaubnis zum Eintritt bekommt. Der Türhüter gibt ihm einen Schemel und läßt ihn seitwärts von der Tür sich niedersetzen. Dort sitzt er Tage und Jahre. Er macht viele Versuche, eingelassen zu werden, und ermüdet den Türhüter durch seine Bitten. Der Türhüter stellt öfters kleine Verhöre mit ihm an, fragt ihn über seine Heimat aus und nach vielem andern, es sind aber teilnahmslose Fragen, wie sie große Herren stellen, und zum Schlusse sagt er ihm immer wieder, daß er ihn noch nicht einlassen könne. Der Mann, der sich für seine Reise mit vielem ausgerüstet hat, verwendet alles, und sei es noch so wertvoll, um den Türhüter zu bestechen. Dieser nimmt zwar alles an, aber sagt dabei: ›Ich nehme es nur

an, damit du nicht glaubst, etwas versäumt zu haben.‹ Während der vielen Jahre beobachtet der Mann den Türhüter fast ununterbrochen. Er vergißt die andern Türhüter, und dieser erste scheint ihm das einzige Hindernis für den Eintritt in das Gesetz. Er verflucht den unglücklichen Zufall, in den ersten Jahren rücksichtslos und laut, später, als er alt wird, brummt er nur noch vor sich hin. Er wird kindisch, und da er in dem jahrelangen Studium des Türhüters auch die Flöhe in seinem Pelzkragen erkannt hat, bittet er auch die Flöhe, ihm zu helfen und den Türhüter umzustimmen. Schließlich wird sein Augenlicht schwach, und er weiß nicht, ob es um ihn wirklich dunkler wird oder ob ihn nur seine Augen täuschen. Wohl aber erkennt er jetzt im Dunkel einen Glanz, der unverlöschlich aus der Türe des Gesetzes bricht. Nun lebt er nicht mehr lange. Vor seinem Tode sammeln sich in seinem Kopfe alle Erfahrungen der ganzen Zeit zu einer Frage, die er bisher an den Türhüter noch nicht gestellt hat. Er winkt ihm zu, da er seinen erstarrenden Körper nicht mehr aufrichten kann. Der Türhüter muß sich tief zu ihm hinunterneigen, denn der Größenunterschied hat sich sehr zuungunsten des Mannes verändert. ›Was willst du denn jetzt noch wissen?‹ fragte der Türhüter, ›du bist unersättlich.‹ ›Alle sterben doch nach dem Gesetz‹, sagt der Mann, ›wieso kommt es, daß in den vielen Jahren niemand außer mir Einlaß verlangt hat?‹ Der Türhüter erkennt, daß der Mann schon an seinem Ende ist, und um sein vergehendes Gehör noch zu erreichen, brüllt er ihn an: ›Hier konnte niemand sonst Einlaß erhalten, denn dieser Eingang war nur für dich bestimmt. Ich gehe jetzt und schließe ihn.‹ «

Diese kurze Geschichte »Vor dem Gesetz« von Franz Kafka am Anfang unserer Einleitung ist keine bloß literarische Verzierung. Sie möge den Leser seelisch richtig einstimmen, damit er die hier vorgelegten Texte aus der jüdischen Überlieferung nicht nur wißbegierig oder gar neugierig lese, sondern als Betroffener, den das alles selbst etwas angeht. Es ist darum ratsam, diese unheimliche Geschichte wiederholt und langsam zu lesen, sie auf sich wirken zu lassen – gleich, ob es einen verdrießt, daß man sie nicht »versteht«, gleich, ob man Herzklopfen darüber bekommt oder auch einen rechtschaffenen Zorn, weil einem der Türhüter ebenso ungerecht wie erbarmungslos erscheint. Es soll auch gar nicht erst versucht werden, so etwas wie eine Interpretation nachzuliefern. Es ist dies eine jener Geschichten, mit der jeder allein fertig werden muß und jeder auch nur auf seine eigene Art fertig werden kann – wie bei allen Geschichten, die der Seele vornehmlich, nicht dem Verstand, etwas zu sagen haben, oder auch wie bei einem Traum, den man geträumt hat.

Eine einzige Verstehenshilfe, ein Hinweis, sei gegeben. Das Wort »Gesetz« muß man hier eigentlich mit großen Buchstaben schreiben, denn natürlich sind hier nicht Gesetze jener Art gemeint, wie sie in den weltlichen Gesetzbüchern der Völker in Paragraphen gefaßt und etwa als »Bürgerliches Gesetzbuch« oder »Strafgesetzbuch« veröffentlicht werden. Ein sicherer Instinkt sagt einem schon beim ersten Lesen, daß das Wort »Gesetz« in dieser kurzen Geschichte offenbar für etwas steht, was mit dem Nerv der eigenen Existenz zu tun hat – mit dem Sinn von Leben und Tod, mit dem Sinn der Welt überhaupt, einschließlich Himmel und Hölle (falls es so etwas gibt!).

Kafkas jüdische Wurzeln sind unverkennbar. Nur einem Menschen jüdischer Herkunft konnte es einfallen, das verzweifelte Suchen des heutigen Menschen nach *Sinn*, die Ausweglosigkeit, ihn zu finden, in das Bild eines Mannes zu kleiden, der den Einlaß ins »Gesetz« sucht, aber immer wieder – lebenslänglich! – abgewiesen wird.

Hätte er die Tür passieren dürfen – ja, das fühlt man wohl! –, so wäre er »gerettet« gewesen.

Und damit sind wir bereits mitten im Thema.

GESETZ, mit großen Buchstaben geschrieben, steht in den hier abgedruckten Texten für das hebräische Wort *Tora*. Es wäre jeweils auch die Übersetzung WEISUNG möglich gewesen, die heute weithin für treffender gehalten wird; unsere Abdrucke aus neueren Übersetzungen sagen »Weisung« statt »Gesetz«. Auch wir haben für den Titel dieses Buches »Weisung« vorgezogen, weil das Wort »Gesetz« zu mannigfachen Mißverständnissen Anlaß gibt. Dennoch konnten wir uns nicht dazu entschließen, alle hier abgedruckten Texte in der deutschen Wiedergabe von Tora auf einen einheitlichen Nenner zu bringen.

WEISUNG ist nicht in jeder Beziehung eine bessere Übersetzung als GESETZ. Gewiß: »Gesetz« klingt reichlich juridisch. Daß Tora etwas für's unmittelbare warme Leben ist, kommt bei einer solchen Übersetzung nicht deutlich genug heraus. Bei WEISUNG klingt vernehmbarer durch, daß es hier um etwas geht, was man für's Leben braucht: Lebenshilfe, Wegweisung. Das Element gütiger Führung, das für Tora so entscheidend ist, kommt besser zum Zug.

Andererseits eignet der Tora etwas Majestätisches, was im Wort GESETZ wirksamer zum Ausdruck kommt. Denn Tora ist nicht nur das freundliche Angebot einer Weg-Weisung, das man annehmen oder auch zurückweisen kann. Wenn einer sich um die Tora nicht kümmern will und lieber auf eigene Faust losgeht, geschieht das nicht nur zu seinem eigenen Schaden, weil er vielleicht am Ziel überhaupt nicht ankommt oder nur nach mühseligen und gefährlichen Umwegen. Wo Menschen der Tora nicht folgen, ist immer das große Ganze mitbetroffen, dient die Tora doch dem harmonischen Zusammenspiel aller Teile und somit dem Sinn des Ganzen. Dieser Aspekt wird durch die Wiedergabe mit »Gesetz« deutlicher widergespiegelt.

Aber da ist noch ein drittes Moment im Spiel – etwas ganz Entscheidendes, was sich weder durch »Gesetz« noch durch »Weisung« wiedergeben läßt. Die Tora bringt den Menschen nicht nur zu rechtem *Tun*, sondern auch zu rechtem *Erkennen*. Sie macht gut, sie macht aber auch weise; sie ordnet die Welt, deutet sie aber auch. Darum kann Tora nicht nur mit GESETZ und WEISUNG übersetzt werden, sondern auch mit LEHRE.

Tora ist Weisung und Unterweisung, »Gesetz« und »Religionslehre«, sie führt zum Tun und lehrt zugleich erkennen, »was die Welt im Innersten zusammenhält«. Das entspricht dem biblischen Wahrheitsbegriff, der bis zu den christlichen Schriften hin von einer geradezu symbiotischen Einheit von »Praxis und Theorie« bestimmt ist; Wahrheit erkennt man, indem man sie *tut*, ihr entsprechend handelt.

Dieser Praxischarakter der Wahrheit ist für die Offenbarung so entscheidend, daß die Juden mit »Tora«, LEHRE, WEISUNG, den ganzen ersten Teil der Bibel – die Fünf Bücher Mose – benennen. »Die Offenbarung Gottes« schlechthin ist für sie *Tora, Praxis = Lehre;* der zweite Teil der Bibel (»Die Propheten«) und der dritte Teil (»Die Schriften« – wie etwa Psalmen, Sprüche, Buch Hiob usw.) haben, verglichen mit der Tora, einen minderen Rang. Nicht nur das Mosaische Gesetz, auch die Weltschöpfung, die Geschichte vom *Anfang*, die Vätererzählungen, die Geschichten von der Errettung aus Ägypten, von Israels vierzigjähriger Wüstenwanderung: alles gehört mit zur »Tora«. Denn die Offenbarung dessen, »was die Welt im Innersten zusammenhält«, ist sowohl Lehre wie Gesetz, Gesetz wie Lehre. Ein zu Erkennendes und ein zu Tuendes! Etwas, was man gar nicht erkennen würde, wenn man nicht gleichzeitig entsprechend handelt!

(Wäre es vielleicht möglich, daß jener »Mann vom Lande« deshalb nicht Einlaß fand ins »Gesetz«, weil er einen Warteposten vor der Tür bezogen hat? Man erfährt nur, was man er-fährt – ersitzen kann man es nicht!)

Das wußten die jüdischen Gelehrten, die ihr ganzes Leben daran wandten, die Tora zu studieren, in ihren Sinn immer tiefer einzudringen, um das je heute zu Tuende aus ihr abzuleiten. *»Wichtiger als das Studieren des Gesetzes ist das Tun des Gesetzes«,* schärften sie ihren Schülern ein (II, 50). Und: *»Ein Schriftgelehrter, bei dem das Innere nicht dem Äußeren entspricht, ist kein Schriftgelehrter!«* (II, 50.) Ja, wer Tora studiere, ohne nach ihr zu leben, sei wie ein Mann, der ein großes Haus-Tor errichte – aber überhaupt kein Haus besitze!

Einer der Rabbinen warnte: *»Wer (Tora-)Gelehrsamkeit besitzt, aber keine Gottesfurcht, der ist wie ein Mensch, der nur die inneren Schlüssel zu einem Haus hat, nicht die äußeren – wie wird er hineingehen können?«* (II, 50.) Dieser Spruch überrascht. Im ersten Augenblick hat man den Eindruck, hier seien die Bilder verwechselt worden – unwillkürlich würde man die andere Reihenfolge erwarten, daß nämlich die Kenntnis des Gesetzes die Außentür erschließt, das »entsprechende Leben« die innere Tür.

(Und wieder mag man sich fragen: War es vielleicht *das*, was jenen Türhüter am äußeren Eingang – – –?)

Auf ähnliche Weise mögen einem die Bilder in einem anderen Meisterspruch vertauscht erscheinen:

»*Wer mehr Gelehrsamkeit hat als die entsprechenden Werke, gleicht einem Baum mit reich verästelten, belaubten Zweigen und kärglichen Wurzeln – ein leichter Wind entwurzelt ihn. Wer mehr Werke hat als Gelehrsamkeit, gleicht einem Baum mit wenigen Zweigen und tiefen Wurzeln – selbst ein Sturmwind kann ihm nichts anhaben*« (II, 50–51).

Aber gerade diese Umkehr der Bilder ist der sprechendste Ausdruck für das in der Tora vorausgesetzte Verhältnis zwischen Tun und Erkennen.

Nun darf man nicht vergessen, daß diese und zahllose ähnliche Sprüche nicht von Verächtern der Tora-Wissenschaft stammen, sondern aus dem inneren Kreis der Gelehrten selbst – von Männern also, die ihr Leben ganz der LEHRE geweiht hatten und die sich voll bewußt waren, daß Israels geistige, religiöse Existenz an der LEHRE hängt und somit von den Lehrern abhängt.

Im Jahre 70 n. Chr. wurde Israels nationale Existenz vernichtet, der Tempel sank in Asche, Jerusalem wurde zerstört, das Land verwüstet. Hätte das nicht das Ende der jüdischen Religion bedeuten müssen? Die Heilige Stadt ist nicht mehr – der Tempel ist nicht mehr – den Opferkult gibt es nicht mehr – das Priestertum erlischt. Aber was sich schon nach der Zerstörung des ersten (salomonischen) Tempels und im Babylonischen Exil zum erstenmal wie in einer Feuerprobe erwiesen hatte, wurde nach der Zerstörung des zweiten (herodianischen) Tempels aufs neue offenbar: die *Tora* reicht aus! Sie, und nichts anderes, ist das geistige Rückgrat des jüdischen Glaubens.

War es nicht eine Sternstunde des Geistes, als Rabbi Jochanan ben Sakkai an Vespasian, den Belagerer Jerusalems, seine später so berühmt gewordene Bitte richtete? Der Rabbi gehörte in Jerusalem zur Partei der »Tauben« (wie man heute sagen würde) – zu jenen also, die für eine friedliche Einigung mit den Römern eintraten. Auf abenteuerliche Weise gelangte Jochanan ins Lager des römischen Feldherrn: er hatte sich als »Leiche« in einem Sarg aus der belagerten Stadt schmuggeln lassen. Bei Vespasian fand er ein geneigtes Ohr – vielleicht war der Römer besonders guter Laune, war doch bereits durchgesickert, er werde der kommende Kaiser sein. Jochanan wurde später von seinen Landsleuten vorgeworfen, er hätte die Gunst der Stunde besser nutzen und Verschonung Jerusalems erbitten sollen. Aber entweder hatte der Rabbi das Erreichen des Möglichen nicht durch Erbitten des Unmöglichen gefährden wollen – oder er hatte überhaupt eine andere Vorstellung, worauf es in dieser tödlichen Krise seines Volkes am meisten ankam. »Gib mir Jawne und seine Gelehrten«, bat er den Feldherrn. Warum das kleine Jawne am Meer, westlich von Jerusalem? Weil in Jawne das Lehrhaus war. Vespasian gewährte die Bitte – er mag sich gewundert haben, daß der Rabbi mit seinem spektakulären Unternehmen kein größeres Ziel verfolgte. Er konnte nicht ahnen, daß »durch diesen geringfügigen Akt das schwache Judentum in den Stand gesetzt werden würde, das kraftstrotzende, eherne Römertum um Jahrtausende zu überleben« (Graetz, zit. nach VIII, 10). Jawne wurde zur Keimzelle des »talmudischen« Judentums und war eine Zeitlang führendes Zentrum unter den immer zahlreicher werdenden Tora-Akademien (»Lehrhäusern«). Erst in Jawne, erst als Jerusalem zerstört war und der Tempel nicht mehr existierte, begann man, die in vielen Jahrhunderten angeschwollene mündliche Überlieferung (so genannt, um sie von der Schriftlichen Überlieferung in der *Bibel* zu unterscheiden) zu sammeln, um zu sichten und festzuhalten, was auch für die kommenden Geschlechter noch gültig sein würde. Ja, angesichts der Gefahr, daß dieser Schatz des Wissens und der Weisheit unter den katastrophalen Daseinsbedingungen der Judenheit untergehen könnte, fing man rund hundert Jahre später sogar an, diese »Mündliche Überlieferung« niederzuschreiben.

Der Entschluß dazu muß den Verantwortlichen außerordentlich schwer gefallen sein; zahlreiche Diskussionen, ob man dürfe oder nicht dürfe, scheinen ihm vorausgegangen zu sein. Die Niederschrift der »Mündlichen« Überlieferung wurde als fast unverzeihlicher Verstoß gegen ein eindeutiges Verbot der

Tora empfunden. Nur unter dem Zwang der Not gab man den bisher als unumstößlich geltenden Grundsatz auf: daß nur die Heilige Schrift *Schrift* sein dürfe – und alle anderen Überlieferungen *mündlich* (von Meister zu Schüler) tradiert werden müßten.

Warum hatte man diese Maxime für so wichtig gehalten? Man war überzeugt, daß nur die aus dem Himmel stammende SCHRIFT – als aus der Sphäre des Ewigen kommend – ihre eherne Unumstößlichkeit für alle Zeiten haben könne und haben dürfe. Glaubte man doch von der SCHRIFT, daß sie nicht nur in einem vagen Sinn »inspiriert«, sondern bis zum letzten und allerkleinsten Buchstaben gottentsprungen sei.

> – – – was sich noch in dem Jesuswort widerspiegelt:
> *»Denkt nicht, ich sei gekommen, die Tora aufzulösen oder die Propheten; nicht aufzulösen bin ich gekommen, sondern zu erfüllen. Denn, Amen, ich sage euch, bis der Himmel und die Erde vergehen, wird kein Jota (der kleinste Buchstabe des Alphabets) und kein Häkchen von der Tora vergehen, bis alles das wird geschehen sein«* (Mt 5, 17.18).

Die Mündliche Überlieferung sollte dagegen wandlungs- und anpassungsfähig bleiben. Ihr Feld war von *zwei* Koordinaten bestimmt: von der ewig unwandelbaren SCHRIFT und den stets sich wandelnden, zeitbedingten Umständen des Lebens im Fluß der geschichtlichen Entwicklung. Die SCHRIFT stand unveränderlich, aber Fragen tauchten immer neue auf, für die man Antwort in ihr suchte; so erschloß sich im Lauf der Jahrhunderte ein Verstehenshorizont nach dem anderen für jene, die im GESETZ nach dem Sinn und der Norm des Lebens suchten.

Hinter jeder Sinnschicht, die sich dem Forschenden schließlich auftat, wurde eine weitere sichtbar, noch verschlüsselt. So erwies sich die SCHRIFT als ein Geheimnis, dem man nie auf den Grund, mit dem man nie ans Ende kommen würde – reichend von der Zeit bis in die Ewigkeit, von der Erde bis zum Himmel (weshalb denn auch sowohl die Evangelisten als auch Paulus wie selbstverständlich davon ausgehen, daß das ganze

»Neue Testament« – wie wir heute sagen würden – im »Alten«
bereits enthalten sei).

Gerade weil man die SCHRIFT für unergründlich hielt, sollte
die Mündliche Tradition offenbleiben, im Fluß – nie abgeschlossen, niemals definitiv festgelegt, und darum nicht schriftlich fixiert. Der ungeheure Wissensstoff der Schrift-Gelehrten,
was je von den Vätern gefunden und erkannt worden war –
welcher Lehrer diese oder jene Erklärung zu irgendeiner Schrift-
stelle gegeben – welcher Rabbi diese und welch anderer Rabbi
jene Entscheidung zu einem bestimmten Problem der Tora
getroffen hatte: das alles war in lebenden Gedächtnissen ge-
stapelt, wurde von Meister zu Schüler mündlich weitergegeben.
Und um diese Meister-Lehre (die »Überlieferung der Alten«)
von der SCHRIFT zu unterscheiden, nannte man sie sogar
dann noch Mündliche Überlieferung, als sie schließlich (Not
kennt kein Gebot!) etwa 200 n. Chr. dennoch niedergeschrie-
ben worden war.

Von einigen Ausnahmen aus dem jüdischen Schrifttum des
Mittelalters abgesehen, stammen die in diesem Band abgedruckten Texte allesamt aus dieser »Mündlichen Überlieferung« – und das heißt: aus jener »umfangreichen Bibliothek
von hebräischen und aramäischen Werken« (VII, 9), deren
Mehrzahl zwischen dem zweiten und sechsten nachchristlichen
Jahrhundert entstanden, deren Überlieferungsstoff aber zu-
meist um viele Jahrhunderte älter ist.

Eine »Bibliothek«, die aus zwei großen Abteilungen besteht:
aus Talmud-Schrifttum und aus Midrasch-Schrifttum.

Kern des Talmud ist die *Mischna* (nicht mit »Midrasch« zu
verwechseln!). »Mischna« heißt die erste offizielle Fassung
der nunmehr schriftlich fixierten Mündlichen Überlieferung –
entstanden um das Jahr 200 n. Chr. Diese Mischna, diese
Sammlung, wurde in den nächsten Jahrhunderten in den
Tora-Akademien der Judenheit diskutiert, kommentiert und
immer wieder neu auf die je gegenwärtigen Lebensbedingungen hin ausgelegt. Es wuchs rund um die Mischna die *Gemara*.
Auch diese Gemara wurde schließlich – nach Jahrhunderten –
schriftlich niedergelegt. So entstand der *Talmud* aus Mischna
plus Gemara.

»Als literarisches Phänomen ist der Talmud von eigener Art und kaum mit einem anderen Buch der Weltliteratur zu vergleichen. Am nächsten steht er den Werken der Kirchenväter; nur ist er im Unterschied zu ihnen ein Werk ohne Verfasser, obwohl in ihm mehr als zweitausend Gelehrte vorkommen (die namentlich bei den entsprechenden Diskussionsbeiträgen, Sprüchen, Entscheidungen, Erzählungen zitiert werden). So ist der Talmud gewissermaßen das Archiv der jüdischen Geistesgeschichte eines ganzen Jahrtausends« (VII, 13).

Bezeichnenderweise ist der Talmud in doppelter Gestalt entstanden – als Jerusalemer und Babylonischer Talmud. In der Mischna stimmen beide überein, in der Auslegung der Mischna, der Gemara, unterscheiden sie sich. Die Lebensbedingungen waren damals in Babylonien wesentlich andere (und angenehmer!) als im römischen Palästina: somit waren die Lebensprobleme, auf die die Mischna angewendet werden mußte, hier wie dort höchst unterschiedlicher Art, was zu erheblichen Variationen in der Gemara führen mußte. Der Jerusalemer Talmud war um das Jahr 400 abgeschlossen; der Babylonische ist um ein rundes Jahrhundert später zu datieren.

Neben dem Talmud steht der *Midrasch:* »der große Bruder des Talmud im Haus der Mündlichen Lehre« (VII, 14). Midrasch ist eine Art Homilie, eine predigtartige Auslegung oder auch Meditation im engen Anschluß an die SCHRIFT – oft ein Kommentar zu den Biblischen Büchern, »der sich dem Geheimnis des in der SCHRIFT Verborgenen schon beträchtlich nähert« (F. Weinreb). Die Autoren des Midrasch sind die gleichen wie die der Mischna und der Gemara, und gewiß wurden die älteren Midraschim aus keinem anderen Grund gesammelt und schriftlich fixiert wie die Texte der Mischna: es galt, neben dem Rechtsstoff der Mündlichen Lehre auch den erzählenden Traditionsstoff vor der Vergessenheit zu bewahren.

Erzählgut gibt es freilich auch im Talmud: eine Fülle von Geschichten, Sagen, Legenden, Gleichnissen usw. So wie das Thema GESETZ andererseits auch im Midrasch seine zentrale Rolle spielt! Eindeutiges Unterscheidungsmerkmal zwischen talmudischem und midraschischen Schrifttum ist der *Aufbau.*

16

Der Midrasch schließt sich eng an den fortlaufenden Text der Bibel an. Für den Talmud ist die systematische Gliederung charakteristisch.

Schon die Mischna war nach Sachgebieten geordnet: ihre sechs Abteilungen oder Ordnungen (Seder, Mehrzahl: Sedarim) bestimmen – in Traktate, Kapitel, Paragraphen unterteilt – den Aufbau des Talmud.

Die sechs Sedarim:

1. »Feldfrüchte« – mit elf Traktaten über landwirtschaftliche Fragen.
2. »Festgesetzte Zeit« – mit zwölf Traktaten über Sabbat und Festtage.
3. »Frauen« – mit sieben Traktaten über Ehe, Ehescheidung usw.
4. »Schaden« – mit zehn Traktaten über Zivil- und Strafrecht.
5. »Heilige Angelegenheiten« – mit elf Traktaten über Opfer und Tempelkult.
6. »Reine Angelegenheiten« mit zwölf Traktaten über kultische Reinheit und Unreinheit.

Das große Thema des Talmud ist die *Tora*, insofern sie das Gesetz des Handelns in allen Bereichen des Lebens bestimmt: vom Gottesdienst bis zum beruflichen und familiären Alltag, vom öffentlichen Bereich bis zum privatesten, »intimsten« (Schlaf etwa, Ernährung, Körperpflege). Von einem berühmten Rabbi heißt es im Talmud:

Raw Chuna sagte zu seinem Sohn Rabba: Warum sitzest du nicht vor Raw Chisda, dessen Lehren so scharfsinnig sind? Er erwiderte: Wozu sollte ich zu ihm gehen. Wenn ich zu ihm komme, redet er mir von weltlichen Dingen. So sagte er zu mir: Wer auf den Abort geht, setze sich nicht zu schnell und plage sich nicht zu sehr, denn der Mastdarm ist an drei Zotten befestigt, und die Zotten könnten sich lösen, wodurch man in Gefahr kommen könnte.

Sprach dieser: Er befaßt sich also mit dem Leben der Geschöpfe, und du sagst: mit weltlichen Dingen! Auf alle Fälle: gehe zu ihm!

Es gibt in der ganzen Welt nichts »rein Weltliches«, weil die Welt als Ganze *Schöpfung* ist – wenn aber Schöpfung, dann eine Sache des Schöpfers. Was irdisch schadet, muß auch himmlisch mangelhaft sein. Wenn dagegen hier im Zeithaft-Vergänglichen etwas im richtigen Einklang ist und geschieht, ertönt dazu ein harmonischer Akkord aus der Sphäre des Ewigen. Wie es im Talmud heißt:

»Drei Dinge erfreuen die menschliche Seele: Eine angenehme Stimme, ein angenehmes Aussehen, ein angenehmer Duft.

Drei Dinge erheben die Seele des Menschen: Eine schöne Wohnung, eine schöne Frau, schöne Geräte.

Drei Dinge geben einen Vorgeschmack von der zukünftigen Welt: der Sabbat, die Sonne, die Beiwohnung« (Berachot 57b).

Oder an anderer Stelle:

»Unsere Meister lehrten: Wer seine Frau wie sich selbst liebt und sie mehr als sich selbst ehrt, wer seine Söhne und Töchter auf geradem Wege leitet und sie nahe ihrer Reife verheiratet – über ihn sagt die Schrift: Du wirst erfahren, daß dein Zelt Frieden hat.«

»Frieden«? Ein Grundwort der Bibel – heute so hoffnungslos säkularisiert, verweltlicht, daß es seine ursprüngliche Transzendenz, seine Himmel und Erde umfassende Spannweite, verloren hat. Schalom ist niemals nur »nicht Krieg«, Schalom ist die unzerstörte Harmonie von ganz oben bis ganz unten. Friede heißt, daß alle Dinge im rechten Lot sind und der Mensch im vollen Einklang mit sich selbst ist. Schalom – könnte man zum Willkomm einen besseren Gruß sagen?

Friede wohnt im Haus, wenn Mann und Frau, beide, einer den anderen nicht weniger liebt und *mehr* ehrt als sich selbst. So würden wir heute diesen Spruch in unseren nicht mehr patriarchalen Familienverhältnissen zu hören haben. Dabei käme offenbar immer noch etwas anderes heraus als jene »Ehe als Partnerschaft«, die auf dem Grundsatz »maximale Bedürfnisbefriedigung bei maximalem Interessenausgleich« beruht. Ein solch geläuterter »Egoismus zu zweit« mag unter günstigen Umständen das »Funktionieren« der Partnerbeziehung gewährleisten – das Paradiesische, der Vorgeschmack der Künftigen Welt, wird einer solchen Ehe völlig fehlen, jene geheimnisvolle Seligkeit, die sich im Herzen regt, sobald man anfängt, mehr um den anderen als um sich selbst besorgt zu sein.

Da haben wir ein Beispiel, wie die in diesem Buch abgedruckten Texte zu lesen sind. Gewiß tragen sie das Kolorit der spezifisch jüdischen Tradition, die für die meisten Leser eine ihnen fremde sein wird. Aber nicht, weil sie eine Kuriosität darstellen, nicht weil sie religionsgeschichtlich interessant sind, wurden sie ausgewählt – sondern als Texte, die zum Nachdenken geeignet und des Nachdenkens wert sind, weil sie einen Kern enthalten, der den Menschen als Menschen angeht.

Das steht auch hinter der alten jüdischen Überlieferung, daß die STIMME am Sinai allen Völkern und allen Zeiten gegolten habe. So wie Israel aus den Völkern der Welt ausgesondert, gleichzeitig aber für diese Völker bestimmt ist, seine Erwählung also eine völkisch singuläre und zugleich menschheitlich generelle sein soll – so steht es auch mit dem GESETZ. Zwar ist es jenem Volk anvertraut und aufgegeben, das im Bund der Beschneidung sich in einzigartiger Weise auf Gottes Herrschaft in der Welt verpflichtet fühlt – aber gleichzeitig hat die innere Intention der 613 Einzelgesetze etwas mit dem Rechtwerden des Menschen schlechthin zu tun: mit dem Kommen des »Gottesreichs«.

Aber diese innere Intention – wer kennt sie? Auch nach dreitausend Jahren einer nicht abreißenden Meditation über den Sinn der Tora (Ps 1: »*Selig, wer seine Freude hat am* GESETZ *des Herrn + bei Tag und bei Nacht über Seinem Gesetze sinnt*«) ist er nicht völlig erschlossen und entschleiert. Daher wird in der Mündlichen Lehre betont, daß Gott das ganze Geheimnis der Tora, die Tiefe ihres Woher und Wozu, ihre »Gründe«, erst »am Ende« aufdecken wird, wenn der Messias kommt.

Die ethisch unmittelbar einleuchtenden Gebote und Verbote (die Zehn Gebote etwa oder die sozialen Gesetze zum Schutz der Schwachen: Volksfremde, Waisen, Witwen, Sklaven) mögen keine großen Rätsel aufgeben. Obwohl auch sie tiefer gründen als in rational-humanistischen Gerechtigkeitserwägungen und man schon von Gottes eigenen Taten sprechen muß, um die ganze Strenge ihrer Verbindlichkeit zu ermessen! Unzählige andere Bestimmungen, wie etwa die Gesetze über »rein« und »unrein«, stehen völlig außerhalb jeder rein rationalen Logik. Es gibt Versuche genug, sie einfach historisch

19

(beispielsweise aus hygienischen Notwendigkeiten) zu erklären. Aber damit verfehlt man die elementar religiöse Scheu, die diese Bestimmungen durchseelt.

> Selbst vom christlichen Standpunkt betrachtet, muß diesen Gesetzen über »rein« und »unrein« eine Art himmlischer Verbindlichkeit zukommen, so daß diese auch nur vom Himmel her wieder aufgehoben werden konnte – wie die Szene von Joppe in unübertrefflicher Symbolik zeigt: das Tuch mit den unreinen Tieren, vom Himmel her zu Petrus heruntergelassen – die Aufforderung zu essen – das Einziehen des Tuches mit dem bisher für unrein Geltenden in den Himmel hinein (Apg 10, 9–16).
> Nicht »abgeschafft« also, sondern *aufgehoben* in die höhere Dimension seines verborgenen Sinns hinein!

Und auf der Suche nach dem eigentlich Gemeinten der Gesetze ist auch die Mündliche Lehre der Juden seit jeher gewesen – wie etwa der folgende Text zeigt:

> »Das Gesetz umgreift den Menschen bei jedem Schritt, in jedem Bereich seines Lebens, in jedem Winkel seiner Wohnung und legt ihm ein Gebot auf: eine nicht abreißende Kette von Gelegenheiten, guten Taten (»Gottwohlgefälliges«, »religiös Werthaftes«) zu tun.
> Arbeitet er auf dem Feld – *»joche nicht den Ochs mit dem Esel zusammen«*. Sät er – *»säet nicht auf dieselbe Stelle den Samen verschiedener Arten«*. Erntet er – *»lasse einen Teil für die Armen«*. Kocht er – *»er sondere für den Priester seinen Anteil ab«*. Geht er auf die Vogeljagd – *»nimm nicht die Mutter mit den Jungen«*. Legt er eine neue Pflanzung an – *»genieße deren Frucht erst nach drei Jahren«*. Hält er eine Totenfeier – *»mache dir keine Einschnitte ins Fleisch aus Schmerz«*. Baut er – *»mache ein Geländer am Dach, um Gefahren vorzubeugen«*.
> Alles am Menschen soll durch gute Taten geweiht werden; darum enthält das GESETZ zweihundertachtundvierzig Gebote, entsprechend der Zahl der Teile, in die der Kör-

per des Menschen zerlegt werden kann. Und jeder Tag des Jahres soll durch eine gute Tat geweiht werden, deshalb sind im Gesetz dreihundertfünfundsechzig Verbote, wie es der Zahl der Tage des Sonnenjahres entspricht.

Das Gesetz ist wie ein Rettungsanker für den Schiffbrüchigen: »Solange er sich daran klammert, kann er gerettet werden« (II, 65).

Denn die Tora stellt die Verbindung her – zwischen der strudelnd dahinschießenden Zeit und dem bleibenden Grund der Ewigkeit, zwischen dem kleinen Menschenleben und der großen kosmischen Ordnung (was eine der Funktionen der Heiligen Feste ist), zwischen der Erde und dem Himmel.

Daß Himmel und Erde aufeinander bezogen, in einer geheimnisvollen Entsprechung zueinander stehen, daß sie untrennbar zusammengehören, ein einziges Ganzes sind: das ist der Kern der Tora. »Im Anfang schuf Gott Himmel und Erde!« Es klingt wie ein einziger Bogenstrich, und müßig ist es zu fragen, ob dem Schöpfer Himmel oder Erde mehr am Herzen liegt.

Zwar gibt es eine Stufenordnung der Geschöpfe, und das Tier ist nicht Mensch und der Mensch kein Engel. »Unten« ist nicht »oben« und »oben« nicht »unten«: aber nur beides zusammen – unten und oben – ist das *eine* Werk, das ER gemacht hat.

Natürlich ist ein Unterschied zwischen Mensch und Tier – aber zwischen der Not des einen und der Not des anderen wird ein mitfühlendes Herz keinen Trennungsstrich ziehen. Und natürlich ist ein gewaltiger Rangunterschied zwischen Engel und Mensch – aber in vielen jüdischen Geschichten fällt auf, wie menschenähnlich der Engel erscheinen und wie nahe ein Mensch den Engeln kommen kann. Das ist ein Motiv, das auch im Psalm anklingt:

»Blick ich auf Deine Himmel, das Werk Deiner Hände,
den Mond und die Sterne, welche Du unvergänglich geschaffen:
was ist der Mensch, daß Du seiner gedenkst,
des Menschen Sohn, daß Dir an ihm liegt?
Und doch hast Du ihn nur um ein Geringes unter die Engel gestellt,
mit Ehr' ihn gekrönt und mit Herrlichkeit;

21

Du hast ihm Macht über das Werk Deiner Hände gegeben,
alles zu seinen Füßen gelegt:
die Schafe und die Rinder alle,
dazu das Getier in Wald und Feld,
die Vögel des Himmels, die Fische der See,
und was auf den Straßen der Meere zieht« (Ps 8).

Diese Macht »über das Werk Seiner Hände«, diese Partnerrolle des Menschen im Weltenplan, ist nach biblischem Verständnis mit der Gottebenbildlichkeit des Menschen gegeben. Es handelt sich nicht um autonome Macht: der Schöpfer des Himmels und der Erde hat nicht abgedankt, und wenn Er den Menschen zum Regenten der irdischen Welt beruft, so doch nur als Vollstrecker Seines Willens.

Buchstäblich auf Schritt und Tritt wird der Jude durch das eng geknüpfte Netz der Gebote und Verbote der Tora daran erinnert, daß der Mensch, dem »alles zu Füßen gelegt ist«, selbst ein Joch trägt: das Joch dessen, der der König aller Welten ist. »Das Joch Seiner Königsherrschaft auf sich nehmen« nennen es die Juden darum auch, wenn sie sich anschicken, jeden Tag von neuem, das *Sch^ema* zu sprechen (nach Dt 6. Kap.):

»Höre Israel, der Herr, unser Gott, der Herr ist Einer!
Gelobt sei der Name der Herrlichkeit Seines Reiches immer und ewig.
Du sollst den Herrn, deinen Gott, lieben mit deinem ganzen Herzen und mit deiner ganzen Seele und mit deiner ganzen Macht.
Es seien diese Worte, die ich (Mose) dir heute gebiete, in deinem Herzen. Schärfe sie deinen Kindern ein, und sprich von ihnen, wenn du in deinem Hause sitzt und wenn du auf dem Wege gehst, wenn du dich niederlegst und wenn du aufstehst.
Binde sie zum Zeichen auf deinen Arm, und sie seien zum Denkband auf deinem Haupte. Schreibe sie auf die Pfosten deines Hauses und deiner Tore!«

Das wurde und wird wörtlich verstanden und buchstäblich befolgt. Auch heute noch findet man am rechten Türpfosten jüdischer Häuser die *Mesusa:* eine kleine Kapsel mit den auf

Pergament geschriebenen Versen des Sch^{e}ma. Wer das Haus betritt, wer es verläßt, berührt die Mesusa ehrfürchtig, enthält sie doch den *Kern* der Tora – der WEISUNG, des GESETZES, der LEHRE.

Dies »*Höre Israel*« ist mehr als das Grunddogma jüdischen Glaubens; es ist der Herzschlag des Lebens, wovon alles (Denken, Fühlen, Wollen) durchpulst wird. Mag der Philosoph oder Religionswissenschaftler von »Monotheismus« sprechen – von der höchst bedeutsamen Tatsache, daß Israel schon von seinen Ursprüngen an immer nur den EINEN GOTT verehrt hat! Dem Frommen geht es hier nicht um bloße »Positionen« philosophischer oder theologischer Art, sondern um das Schlüsselgeheimnis aller Wirklichkeit, der Welt außen wie der Seele innen. Ein heiliges Wort ist ihm das Sch^{e}ma, ein heiligendes Wort: ein Faszinosum, an dem sich immer wieder von neuem eine geradezu ekstatische Hingabe entzünden kann.

Chajim ibn Musa schrieb im 15. Jahrhundert in einem Brief: »*In meiner Jugendzeit hörte ich einen Prediger, der über die Einzigkeit Gottes predigte, nach der Art der Spekulation, nach Art der Philosophen. Und viele Male sagte er: wenn er nicht Einer wäre, müßte dies und dies notwendig daraus folgen . . . Da stand ein Mann auf, einer von denen, die Gottes Wort entgegenbeben, und sprach:*
Über all das Meine hatte man's verhängt beim Verhängnis von Sevilla (Judengemetzel 1391), man hat mich geschlagen, mich verwundet, bis die Schläger von mir ließen, als sie mich tot dachten; all dies hab' ich ertragen für den Glauben: „Höre Israel: Er unser Gott, ER Einer!« – und du da gehst über die Überlieferungen unserer Väter her als spekulierender Philosoph und sagst: ›Wenn Er nicht Einer wäre, dann wäre dies und dies?‹ Stärker glaube ich der Überlieferung unserer Väter, und diese Predigt will ich nicht weiter hören.
Und er verließ das Bethaus und die Mehrzahl der Gemeinde mit ihm« (V, 215).

Der Herr unser Gott, der Herr ist Einer! – Wo diese Gewißheit im Herzen Wurzeln geschlagen hat, ist das *Prinzip* der LEHRE, des GESETZES verstanden. Darum steht alles jüdische Leben unter diesem Vorzeichen.

23

Sozusagen von Geburt an! Denn schon das Kleinkind lehrt man den ersten Vers des Sch^ema auf hebräisch – sobald es gerade sprechen kann und ehe es andere Gebete lernt. »Das Kind hat natürlich keine Ahnung, was es sagt, aber es ist die Grundlage dafür, daß es diesen Satz liebgewinnt, und wenn es dann größer wird, kann es auch den Inhalt verstehen, und es ist nichts Neues mehr für es« (VIII, 97).

Selbsterfahrung, Daseinsgefühl, Welterleben – alles ist wie von ein und demselben Siegel geprägt. Vom Siegel EINS! Und damit von der Wurzeleinheit auch all dessen, was so zwiefältig und gegensätzlich er-scheint!

Zeit und Ewigkeit, Gerechtigkeit und Gnade, Werden und Vergehen! Es genügt zu wissen (nicht nur mit dem Gehirn, sondern gleichsam mit Blut und Nerven), daß *Gott* einer ist, »eins«, dann wird man ahnen, daß es den »Ort« gibt, wo Erde und Himmel, Liebe und Strenge, Leben und Tod nicht Gegen-Sätze sind, sondern verschiedene Facetten des Einen.

Nicht rivalisierende Daseinsmächte bestimmen den Grund des Lebens, der Welt (obwohl der An-Schein einer Widersprüchlichkeit aller Wirklichkeit eine solche Vermutung nahelegen könnte) – nicht verschiedene Götter, holde und feindselige, rettende und verderbende – sondern der IN SICH EINE. Wie es in der Überlieferung heißt:

»Das göttliche Bild, das Israel auf dem Sinai erschien, drückte tausenderlei erhabene Eigenschaften aus, tausend verschiedene Seelenregungen. Mit jeder Eigenschaft, jeder seelischen Regung schien ein wieder anderes, ganz neues Bild offenbar zu werden: Lächeln – Ruhe – Strenge – Verzeihung. Alles malte sich wie in einem Bild ab, und dem von so viel verschiedenartigen Bildern verwirrten Israel tönten die göttlichen Worte ins Ohr: Alle sind Bilder des EINEN *– Ich bin Adonai, euer Gott«* (II, 19).

Alle sind Bilder des Einen. – Und mögen die Gesichter noch so verschieden aussehen – leuchtende Liebe, erschreckende Strenge – es ist doch nur EIN Antlitz, anredbar, nur EIN Du, liebbar (zu ». . . lieben mit ganzem Herzen, mit ganzer Seele, ganzer Kraft!).

Das nur ist aus jüdischer Sicht »Frömmigkeit«. Fern von aller Halbherzigkeit, ganz und ungeteilt, einzig auf den EINEN

24

hin ausgerichtet sein, in einer völligen Kon-Zentration des Wesens. Weigert nicht selbst der Esel sich, das Futter von einem zu nehmen, der nicht sein Herr ist? Und da wollte der Mensch – neben IHM! – noch die Gunst anderer Herren suchen oder den Zorn anderer Herren fürchten? das *Glück*, das sein Füllhorn über die einen leert, das *Unglück*, das die anderen verfolgt und schlägt, das *Schicksal*, das rätselhaft über allen wabert, *das Pech*, das sich in der ganzen Schwärze seiner Sinnlosigkeit hier oder dort zusammenbraut? Wer DEN HERRN FÜRCHTET – was gehen den solche Daseinsmächte an? Glück – Unglück – Schicksal – Pech: wer darauf vertraut oder davor sich ängstigt, betet »fremde Götter« an.

Denn ER ist es, der gibt – ER ist es, der nimmt! Liebbar – und zu lieben! In beidem!

(Und niemand von uns anderen wage hier zu fragen: etwa »bis Auschwitz«? Will etwa einer vom Glauben auf der Folterbank Antwort erheischen?)

Du sollst den Herrn, deinen Gott, *lieben!* Dieses rätselhafteste aller Gebote setzt voraus, daß es zwischen Mensch und Gott die Möglichkeit des Einvernehmens gibt. In der Tat wird die Tora als eine Brücke verstanden, die die Erde mit dem Himmel – aber auch den Himmel mit der Erde verbindet. Sie ist nicht eine bloß obrigkeitliche Satzung (»Setzung«), die den Irdischen auferlegt wird, da nun einmal irgendeine Ordnung sein und gelten muß. Von strahlender Schönheit ist die Tora, spiegelt sie dem Menschen doch den göttlichen Sinn der ganzen Schöpfung wider. Ja – umgekehrt sagt man's sogar: die Tora ist noch vor der Schöpfung da – und nach ihren Strukturgesetzen ist die Welt erbaut worden. Gott trug die Tora schon in seinem Herzen, als er die Welten schuf. Die Tora gehört dem Himmel zu, und als himmlisches Kleinod wird sie der Erde gewährt. Wie es im Midrasch heißt:

»Als Gott die Welt schuf, hatte er beschlossen und gesagt: Der Himmel ist des Ewigen Himmel und die Erde gab er den Menschenkindern. Als er aber die Tora geben wollte, hob er den ersten Beschluß auf und sprach: Die Unteren sollen zu den Oberen hinaufsteigen, und die Oberen sollen zu den Unteren hinabsteigen, und ich mache den Anfang, wie es heißt: Der Ewige

stieg herab auf den Sinai, und wie es heißt: Und zu Mose sprach er: Steige herauf zum Ewigen.«

Daß das überhaupt möglich ist, offenbart die Größe des Menschen. Der Mensch ist nicht nichts – er ist viel: in Gottes eigenem Bild erschaffen! So ist das Göttliche dem Menschen nicht wesensfremd; auf geheimnisvolle Weise findet es in der Tiefe seines Wesens seine Korrespondenz.

Nur so konnte überhaupt die religionskritische Idee aufkommen, Gott, Himmel, Engel, Ewiges Leben – das alles seien nur Projektionen psychischer Vorstellungen nach außen. Denn tatsächlich entspricht ja das Transzendente dem Immanenten. Aber warum fragt man dann nicht weiter: und wie sollen diese psychischen Inhalte in die Seele hineingekommen sein?, und zwar bei jedem Menschen, wie die Traumanalysen offenbar beweisen!

(Wollte man hier antworten: nun – das sind einfach bloße Produkte menschlicher Wünsche und Sehnsüchte! so wäre wiederum gegenzufragen: Versteht es sich denn von selbst, daß der Mensch solches wünscht und nach solchem sich sehnt? falls es in seiner Natur – in seinem Wesen – angelegt sein sollte, daß »mit dem Tod alles aus« ist!)

Die Mystiker beschreiben Erfahrungen, wonach beides zutrifft: daß der »Himmel« ganz *oben*, daß er ganz *innen* ist. Der Weg zu Gott führt hoch und höher über alles Geschaffene hinaus; aber genauso zutreffend kann man sagen, daß er tief und tiefer führe in die eigene Seele hinein.

Bis ins Allerinnerste der »Seelenburg«, von der die christliche Mystikerin Teresa von Ávila gesprochen hat: dort, in der innersten Tiefe des eigenen Wesens »wohnt« Gott – ER, DER MEHR ICH IST ALS ICH SELBST, wie Teresa immer wieder voller Entzücken den Kirchenvater Augustinus zitiert.

Ja die Tora – mag sie auch das Kleinod des Himmels sein und geradezu das Baugesetz der ganzen Schöpfung in sich enthalten – kann dennoch vom Menschen als das ihm eigene Wesensgesetz empfunden werden: als Wegweiser, der ihm dazu verhilft, sich selbst zu finden. Den Sinn, die Fülle!

»Rabbi Alexandri rief öffentlich aus: Wer will Leben? Wer will Leben? Da lief alle Welt bei ihm zusammen. Sie sagten zu ihm:

Gib uns Leben! Er sagte zu ihnen: Wer ist der Mann, der Lust hat zum Leben? Wahre deine Zunge vor dem Bösen. Weiche von dem Bösen und tue Gutes!«

Wenn daran das *Leben* hängt – was wird dann aus dem Menschen, der sich um die WEISUNG nicht kümmert? Wird er das Leben verfehlen?

Dieses Risiko ist gemeint, wenn immer wieder in fast bedrückendem Ernst der Entscheidungscharakter der Erdenexistenz betont wird – die gefährliche Freiheit, anstelle des Lebensweges, den die Tora weist, den Weg zum Tod zu gehen. Die gefährliche Freiheit, den Sinn des eigenen Daseins zu verfehlen – das Ziel nicht zu erreichen.

»Alles kommt von Gott – außer der Gottesfurcht!«, sagten die Meister. Du kannst die Tora annehmen – du kannst die Tora zurückweisen. Das steht bei dir! Vieles ist über den Menschen von Geburt an bestimmt – ob er groß oder klein, klug oder dumm sein wird. Nur eines wird nicht über ihn verhängt: ein Gottesfürchtiger oder ein den Gotteswillen verachtender »Frevler« zu werden.

Und diese Freiheit, die fatale (obwohl sie die unerläßliche Basis von Glauben, Gehorchen ist), hört nicht auf, solange der Mensch lebt. Niemand kann seiner sicher sein, daß er auf dem Wege der Tora bleibt – und sollte er selbst vor aller Welt als ein Gerechter gelten. Und wo wäre der Gerechte, der von sich sagen könnte, er habe den ganzen Anspruch des GESETZES erfüllt, »Gott zu lieben aus ganzem Herzen, ganzer Seele, ganzer Kraft – und den Nächsten wie sich selbst!« So sehen gerade die »Gerechten« mit demütiger Furcht dem Augenblick des Gerichtes entgegen – weltenweit von jener fröhlichen Propaganda, mit der neuerdings den Leuten das Sterben als Glückserlebnis schmackhaft gemacht wird!

Aber ist dann nicht die Welt auf schwankendem Grund erbaut, da doch – oh Risiko! – die Menschen die Freiheit haben, die Tora zu verachten? Wäre das nicht, als würde einem Knochengerüst, das den Organismus trägt, das Mark entzogen? Diese Gefahr besteht. Darum hat Gott – so lehrt die Mündliche Überlieferung – noch vor Grundlegung der Welt die *Buße* erschaffen: die niemals endende Chance der *Umkehr*.

»Rabbi Elieser sagte: Tu Umkehr einen Tag vor deinem Tode. Fragten ihn seine Jünger: Weiß denn der Mensch, welchen Tag er sterben wird? Sprach er zu ihnen: Ebendarum kehre er heutigen Tages um, vielleicht muß er morgen sterben, und so wird gefunden, daß all seine Tage in Umkehr sind« (V, 125).

Und welches ist der Kern des GESETZES, auf den das Leben – jeden Tag neu – immer wieder umgestellt werden muß?

Danach fragte eines Tages einer der Gesetzeslehrer Jesus – um ihn auf die Probe zu stellen, wie das Evangelium sagt (und nicht etwa deshalb, weil er es selbst nicht gewußt hätte).

»Rabbi – welches Gebot ist das größte in der Tora?«

Jesu Antwort entsprach nicht nur der SCHRIFT, sondern auch der Mündlichen Überlieferung:

»Du sollst den Herrn, deinen Gott, lieben aus ganzem Herzen, ganzer Seele, ganzer Kraft.

Das ist das größte und erste Gebot.

Das zweite ist ihm gleich:

Du sollst deinen Nächsten lieben wie dich selbst.

An diesen beiden Geboten hängt die ganze Tora – und die Propheten« (Mt 22, 34–40).

Daß Jesus nicht nur in der Gottesliebe, sondern auch in der Nächstenliebe den Angelpunkt sieht, um den sich das ganze GESETZ dreht, hat ausgesprochene Parallelen in der Mündlichen Lehre seiner Zeit.

Da ist vor allem die berühmt gewordene Geschichte, in der sich die Kontroversen zwischen den beiden großen Tora-Schulen des letzten vorchristlichen Jahrhunderts (der des Schammai und der des Hillel) widerspiegelt:

Ein Heide, ein wunderlicher Kauz, kam eines Tages zu Schammai und sagte:

Wenn du, während ich auf einem Fuß stehe, mir das ganze GESETZ beibringen kannst, will ich gern ein Jude werden. Schammai jagte ihn fort.

Der Mann ging zu Hillel und trug ihm das gleiche Ansinnen vor. Der Meister lächelte. Dann sagte er:

Was *dir* unlieb ist, das tu auch deinem Nächsten nicht an! Das ist die ganze Tora. Alles andere ist Auslegung. Geh – und *lerne es!*

Megilla (Esther-Rolle) samt ihrem silbernen Behälter
Nach altem Brauch handgeschrieben auf Pergament
Aus dem Privatbesitz von Professor Friedrich Weinreb, Zürich

HÖRE ISRAEL,
DER HERR, UNSER GOTT,
EINER ER!

5. Buch Mose

Und während die göttliche Stimme erscholl, von Sphäre zu Sphäre, von Himmel zu Himmel, tat der sich ganz vor den Augen der Wartenden auf. Die sieben Himmel öffneten ihre Pforte und zeigten Gott, Einer ER, Eine Majestät, die sie alle umfaßt.

Entzückt rief Israels Gemeinde: HERR, HERR! nichts anderes gibt es im Himmel für mich als Deine Majestät, Du bist Einer für mich, im Himmel und auf Erden; einen anderen suche ich nicht als Gott, als Dich im Himmel, einen anderen wünsche ich nicht, als Dich auf Erden.

Und im Bethaus versammelt, werde ich Tag für Tag Zeugnis geben, daß Du, Gott, Einer bist – und werde ewig den Spruch ausrufen: *Höre Israel*, ER *unser Gott*, ER *Einer!*

II, 17

Herr der Welt, Herr der Welt, Herr der Welt!
Herr der Welt,
Ich will dir ein Dudele singen:
Du, Du, Du...
Wo kann ich ja Dich finden,
Und wo kann ich nicht Dich finden!
Du Du Du...
Denn wo ich geh – Du,
Und wo ich steh – Du,
Bloß Du, nur Du,
Aber Du, wieder Du,
Du Du Du!
Ist's einem gut – Du,
Behüte schlimm – ach Du,
Du Du Du...
Osten Du, Westen Du,
Norden Du, Süden Du,
Du Du Du!
Himmel Du, Erde Du,
Oben Du, Unten Du,
Du Du Du Du:
Wie ich kehr mich, wie ich wend' mich –
Du...!

I, 51

In Seiner Weisheit und Seiner Allmacht schuf der Herr in der ganzen Welt alles zu zweit, und allenthalben ist das eine das Gegenstück des andern oder eine Ergänzung des andern, und wäre das eine nicht da, so könnte auch das andere nicht bestehen.

Wäre kein Tod, so wäre kein Leben, aber wäre kein Leben, so wäre kein Tod. Ohne Frieden gäb's keinen Krieg, ohne Krieg gäb's keinen Frieden; der Herr schuf arm und reich, klug und töricht, Leben und Tod. Sonst sähe man nicht den Unterschied zwischen Ordnung und Verwüstung. Er schuf die Anmut und schuf den Abscheu; Er schuf Mann und Weib, Feuer und Wasser; Er schuf Eisen und Holz, Licht und Finsternis, Wärme und Kälte, Meer und Land, Speise und Hunger, Trank und Durst. Er schuf das Gehen und das Hinken, das Sehen und das Blindsein, das Hören und das Taubsein, das Reden und das Stummsein; Er schuf die Arbeit und das Nichtstun, den Kummer und die Lust, das Lachen und das Weinen, die Krankheit und das Heilsein – all dies, um die Allmacht des Herrn kundzutun.

Hätte es der Herr nicht anstellen können, daß Kinder geboren würden, ohne daß Mann und Weib zusammenkämen? Aber nein, alles entsteht nur durch Vereinigung und durch Gegensatz; der Mann kann ohne

Weib nicht zeugen, das Weib ohne Mann nicht gebären.

Wäre keine Axt, so wäre auch kein Zimmermann, gäb's keinen Meister, so gäb's auch keine Axt.

Ohne Reinheit wäre keine Unreinheit möglich, ohne Unreinheit keine Reinheit. Es spricht das Schwein und alles unreine Vieh zu dem reinen Vieh: Ihr seid uns Dank schuldig, denn wären wir nicht da, die wir unrein sind, woher wüßtet ihr da, daß ihr rein seid?

Gäb's keine Gerechten, so gäb's auch keine Bösen, gäb's keine Bösen, so gäb's auch keine Gerechten. Der Böse spricht zum Gerechten: Du bist mir Dank schuldig, denn wäre ich nicht da, der ich böse bin, wie würde man dich erkennen?, und wären alle Menschen gerecht, was wäre da dein Vorzug?

Wie wir schon sagten, es hat alles sein Gegenstück auf der Welt; aber nur einer ist allein, und dies sollen alle wissen: der Herr ist allein, und es gibt keinen zweiten neben Ihm!

III, 51-52

War es der Himmel, der zuerst ist erschaffen worden, oder war es die Erde?

Die Weisen sind sich darin nicht einig. Die einen sprechen: Der Himmel ist zuerst erschaffen worden und danach die Erde; daher heißt es auch: *»Im Anfang schuf Gott den Himmel und die Erde.«* Die anderen aber meinen, erst sei die Erde, danach der Himmel erschaffen worden, wie es auch heißt: *»Du hast vormals die Erde gegründet, und die Himmel sind Deiner Hände Werk.«* Also brach darüber ein Streit unter den Weisen aus, bis dann über sie eine göttliche Eingebung kam, und sie wurden inne, daß beide, der Himmel und die Erde, in der gleichen Stunde und in einem Augenblick erschaffen worden sind. Wie aber stellte es der Herr an? Ja, er reckte seine Rechte und spannte den Himmel aus, er reckte die Linke und gründete den Erdboden. Auf einmal waren sie beide da, der Himmel und die Erde.

Gott schuf den Himmel und die Erde, und es waren ihm beide gleich lieb. Aber die Himmel sangen und rühmten die Ehre Gottes, und die Erde war betrübt und weinte und sprach vor dem Herrn: O Herr der Welt! Die Himmel weilen in Deiner Nähe und ergötzen sich an dem Glanz Deiner Herrlichkeit; auch werden sie

35

von Deinem Tisch gespeist, und nimmer kommt der Tod in ihr Reich, daher singen sie; mich aber hältst Du fern von Dir, meine Speise gabst Du in des Himmels Hand, und was auf mir ist, ist dem Tode geweiht; wie sollte ich da nicht weinen?

Da sprach der Herr: Es soll dir nicht bange sein, du Erde, dereinst wirst auch du unter den Singenden sein, und Lobgesänge werden von deinem Ende erschallen.

III, 15-16

Der Herr schuf den Menschen, daß er seinen Garten
baue und bewahre; Er wollte ihm eine Gehilfin geben,
damit er sich vermehre und die Erde erfülle.

Als aber die Erde Gottes Rede vernahm, erzitterte sie
und sprach vor ihrem Schöpfer: O Herr aller Welten!
nicht wird meine Kraft dazu reichen, die Menschenherde zu speisen. Da sprach der Herr: Ich und du, wir
wollen beide die Menschenherde ernähren.

Und sie teilten ihre Arbeit untereinander, der Herr
nahm auf sich die Nacht und gab der Erde den Tag.
Was tat der Herr? er schuf den Schlaf; der Mensch
liegt da und schläft die Nacht über, und der Schlaf ist
ihm Speise und Heil, Leben und Erquickung. Die Seele,
so heißt es, füllt den Leib des Menschen aus, aber in
der Stunde, da der Mensch schläft, steigt sie zum Himmel empor und schöpft ihr Leben von oben.

Der Erde aber steht der Herr bei und tränkt sie mit Regen; sie trägt Frucht und gibt Speise allen Geschöpfen.

III, 64

Ein Ketzer fragte Rabbi Meïr: Ist es möglich, Er, von dem geschrieben ist: *»Der Himmel und die Erde, bin* ICH's *nicht, der sie erfüllt?!«* sollte mit Mose »von zwischen den zwei Stangen des Schreins (der Bundeslade) her« geredet haben?

Sprach er zu ihm: Hole mir einen Vergrößerungsspiegel. Er holte ihm einen Vergrößerungsspiegel. Dann sprach er: Schau dein Abbild darin. Er sah es vergrößert. Er sprach weiter: Hole mir einen Verkleinerungsspiegel. Dann sprach er: Schau dein Abbild darin. Er sah es verkleinert.

Da sprach er zu ihm: Wenn du, du aus Fleisch und Blut, wenn du verändert erscheinst, wie du nur willst, wie erst Er, der sprach und die Welt ward, gesegnet sei Er; also: Wenn Er's will, redet er mit Mose *»von zwischen den zwei Stangen des Schreins her«*.

I, 19-20

Gott schuf die ganze Welt durch Sein Wort, aber den Menschen machte er mit Seinen eigenen Händen.

Der Mensch stand da und war herrlich anzuschauen als ein Bild Gottes; da sahen ihn die Geschöpfe und fürchteten sich vor ihm, denn sie dachten, dies wäre ihr Schöpfer. Und sie kamen alle zu ihm und bückten sich vor ihm. Da sprach der Mensch zu ihnen: Ihr seid zu mir gekommen und wollt euch vor mir bücken, wohlan, lasset uns zusammen gehen, mich und euch, wir wollen uns in Stolz und Stärke kleiden und über uns zum König machen den, der uns alle geschaffen hat, gleichwie ein Volk sich einen zum König macht. Denn fürwahr, immer ruft das Volk seinen König aus, nicht aber ruft sich ein König selber zum König aus. Und Adam schritt voran und rief zuerst den Herrn als König aus, und nach ihm kamen alle Geschöpfe und schrien: Der HERR ist König und herrlich geschmückt!

Komm her und sage, warum war Adam das letzte Werk des Schöpfers? Dies ist die Antwort auf die Frage: Tag um Tag verrichtete der Herr seine Arbeit, und er schuf die ganze Welt mit all ihrem Heer, am sechsten Tag aber, welcher der letzte Tag seiner Arbeit war, an diesem bildete er den Menschen, und er sprach zu ihm: Bisher habe ich mich bemüht, von nun an mühe du dich. Wenn nun die Schrift sagt: am Anfang schuf der Herr, so meint sie damit: anfangs, ehe noch der Mensch da war, da arbeitete Gott an der Welt.

Warum ist aber der Mensch als Ebenbild Gottes geschaffen worden? Ein Gleiches könnte man von einem König erzählen: Ein König herrschte über ein Land, baute Festungen und sorgte für das Wohl des Volkes. Eines Tages rief er die Bewohner zusammen und setzte über sie einen seiner Fürsten; er sprach: Bisher habe ich mich um das Land bekümmert, von nun an ist dieser hier an meiner Statt. Alsdann sprach er zu dem Fürsten: Siehe, dies und dies habe ich den Leuten befohlen; wie ich bisher regiert und nach meinem Willen gewaltet habe, so sollst du fortan regieren und walten. Von nun an soll alles in deine Hand gegeben sein, und das Volk wird dich fürchten, wie es mich gefürchtet hat.

So heißt es auch: *»Eure Furcht und Schrecken sei über alle Tiere auf Erden und über alle Vögel des Himmels.«* Daher hat Gott Adam nach seinem Bild geschaffen, denn der Mensch sollte an der Welt bauen und in ihr die Arbeit verrichten, die vor ihm Gott verrichtet hat.

III, 58-60

Eine Geschichte von Rabbi Chanina ben Dossa, der hinging, um Tora zu lernen bei Rabbi Jochanan ben Sakkai. Krank wurde der Sohn des Rabbi Jochanan ben Sakkai, und der sprach zu ihm: Chanina, mein Sohn, bete für ihn, daß er leben bleibe. Da legte er sein Haupt zwischen die Knie, betete für ihn, und er blieb leben.

Sprach Rabbi Jochanan ben Sakkai: Wenn ben Sakkai sein Haupt zwischen die Knie all den ganzen Tag gepreßt hätte, nicht hätte man sein geachtet.

Sprach seine Frau zu ihm: Ist denn Chanina größer als du? Sprach er zu ihr: Nein, aber er gleicht dem Diener vor dem König, ich gleiche dem Fürsten vor dem König.

I, 110-111

Rechte Gäste gibt es – und schlechte Gäste gibt es.
Der rechte Gast ist voller Dankbarkeit für den Freund,
bei dem er eingeladen war. Er denkt: welche Mühe hat
sich mein Freund gegeben: der köstliche Wein! so
zahlreiche Gänge! und dann noch die vielen Süßigkeiten! Und alles für mich!
Der schlechte Gast murrt vor sich hin: genau betrach-
tet, hat er sich nicht besondere Mühe für mich gegeben!
Wein – Speisen – Süßigkeiten? Ich habe nicht viel davon bekommen, und außerdem wäre das alles sowieso
für die Familie zubereitet worden! Für mich hat er doch
nichts Besonderes getan!
Ja – so denken auch die Menschen, die rechten wie die
schlechten, über all die Wohltaten, die Gott ihnen hier
auf Erden erweist.

II, 96

Geschichte von dem Esel des Rabbi Chanina ben Dossa, den Räuber gestohlen hatten; sie banden den Esel in einem Gehöft, stellten ihm Stroh hin, Gerste und Wasser, aber er aß nicht und trank nicht.

Sprachen sie: Wozu sollen wir ihn halten, daß er verrecke und uns den Hof verpeste? Sie gingen und öffneten ihm die Türe und führten ihn hinaus. Da trottete und trottete er, bis er bei Rabbi Chanina ben Dossa ankam.

Als er bei ihm ankam, hörte sein Sohn die Stimme und sprach: Vater, die Stimme gleicht der Stimme unseres Tieres. Sprach er zu ihm: mein Sohn, öffne ihm die Tür, denn er ist schon todhungrig.

Er ging, öffnete ihm die Tür und stellte ihm Stroh hin, Gerste und Wasser; da aß er und trank.

Darum sagte man: Wie die ersten Gerechten Fromme waren, so waren ihre Tiere Fromme, gleich wie sie.

I, 110

Rabbi Meïr saß einmal im Lehrhause und hielt einen Vortrag. Während dieser Zeit waren seine zwei Söhne gestorben. Was tat ihre Mutter? Sie legte beide auf das Bett und breitete ein Tuch über sie aus. Am Ausgang des Sabbats kam Rabbi Meïr aus dem Lehrhause. Er fragte sie: Wo sind meine beiden Söhne?

Sie sprach: Beide sind nach dem und dem Orte gegangen, und jetzt kommen sie.

Sie trug ihm nun Speise auf. Nachdem er gegessen und den Segen gesprochen hatte, sagte sie: Rabbi, ich habe eine Frage an dich zu stellen.

Frage, entgegnete er.

Sie sprach: Rabbi, vor einiger Zeit kam ein Mann und gab mir etwas zur Aufbewahrung, jetzt kommt er, um es wiederzuholen. Sollen wir es ihm zurückgeben oder nicht?

Meine Tochter, versetzte der Rabbi, wer etwas zur Aufbewahrung erhalten hat, muß der es seinem Eigentümer nicht zurückgeben?

Da sprach sie: Rabbi, ohne dein Wissen hätte ich es ihm nicht wiedergegeben.

Was tat sie nun? Sie erfaßte seine Hand und führte ihn hinauf in das Gemach, brachte ihn an das Bett und zog das Tuch von ihnen hinweg; nun sah er beide tot auf dem Bette liegen.

Da fing er an zu weinen und rief: Meine Söhne, meine Söhne!

Meine Lehrer, meine Lehrer! Meine Söhne – nur nach irdischer Ordnung, doch: meine Lehrer, weil sie meine Augen in der Tora erleuchtet haben.

In diesem Augenblick sprach sie zu ihm: Rabbi, hast du mir nicht gesagt, daß wir das Aufbewahrte seinem Eigentümer wieder zustellen müssen? Hat nicht Hiob gesagt: »*Der Ewige hat gegeben, der Ewige hat genommen, der Name des Ewigen sei gelobt?*«

Auf diese Weise tröstete sie ihren Mann und beruhigte ihn.

IV, 1, 74-75

Erste Seite der Soncino-Bibel
Gedruckt ca. 1492 von Josua Salomo ben Israel Natan Soncino in Neapel

LIEBE EMPFING ISRAEL DADURCH,
DASS ER IHNEN EIN KLEINOD GAB,
WODURCH DIE WELT ERSCHAFFEN WARD

Talmud

Neunhundertvierundsiebzig Geschlechter vor der Weltschöpfung war schon die SCHRIFT geschrieben, und
sie lag im Schoße des Heiligsten, gelobt sei SEIN Name,
und sang zusammen mit den Heerscharen Loblieder
dem Herrn.

Aber bevor die Welt erschaffen ward, waren doch
keine Pergamentrollen da, auf denen man die Schrift
hätte schreiben können; auch war kein Vieh da, dem
man das Fell hätte abziehen können, um darauf zu
schreiben. Wolltest du aber sagen, die SCHRIFT wäre
auf Gold oder Silber gestochen worden, so kann dies
nicht stimmen, denn noch war kein Gold und kein
Silber da, und beides war noch nicht geläutert. Meinst
du aber gar, die SCHRIFT wäre auf Holztafeln geschrieben worden, auch dies ist nicht möglich, denn noch
waren keine Bäume erschaffen worden. Worauf war
denn nun die SCHRIFT geschrieben? Auf dem Arme
des Herrn selber war sie geschrieben, schwarze Flammen auf weißem Feuer.

III, 38

Kaum hatte Mose den Fuß auf die himmlische
Schwelle gesetzt, da erhob sich ein Flüstern, ein Tu-
mult unter den ewigen Bürgern des Himmels.

Herr, Herr! riefen die verwirrten Engel – ein Weib-
geborener, ein noch Lebender, will sich unter uns
mischen!

Dieser Weibgeborene, sagte Gott, ist in den Himmel
gekommen, um das GESETZ zu empfangen und es auf
die Erde zu bringen.

Das GESETZ auf die Erde bringen? riefen die ewigen
Bürger der Schöpfung aus, verwirrter noch als zuvor.
Diesen kostbaren Schatz all Deiner Gedanken seit ur-
her! Der seit Tausenden von Zeitaltern Deine Wonne
bildet! Dieses GESETZ einem Wesen von Fleisch und
Blut übergeben? O erhalte doch, erhalte dem Himmel
dieses Licht, dieses Kleinod!

Und der Herr, zu Mose gewandt, sprach: Mose, ant-
worte deinen Gegnern!

Mose antwortete: Mein Gott! Ich fürchte, daß sie
mich mit ihrem Feueratem in Asche verwandeln.

Lege die Hand auf meinen unsterblichen Thron, und
rede sicher und frei.

Und der Herr überleuchtete das Haupt des Mose mit
einem Strahl seiner ewigen Herrlichkeit, und Mose,
frei und sicher gemacht, begann also:

In dem GESETZ, das Du, mein Gott, mir versprochen hast, ist untersagt, Götzen anzubeten. Lebt Ihr vielleicht, Ihr Engel, unter götzendienerischen Völkern? – Das GESETZ gebietet am Sabbat Ruhe. Arbeitet Ihr? habt Ihr Ruhe nötig? – Ehre deine Eltern, heißt es darin. Habt Ihr Vater und Mutter? – Töte nicht! Stiehl nicht! sagt es. Nisten denn etwa im Himmel Neid, Begierde?

Bei diesen Worten beruhigten sich die Scharen der Engel, zollten Beifall und alle wetteiferten, jenen Weibgeborenen mit irgendeiner kostbaren Gabe zu beschenken. Selbst der Engel des Todes gab ihm etwas mit: er lehrte ihn, durch die Düfte des heiligen Weihrauchs die Seuche zu verscheuchen, die unter dem Volk Verheerung anrichtete.

II, 19-21

Ein Fürst ist Vater einer Tochter, die sein einziges Kind ist. Es kommt die Zeit, und er gibt sie einem reichen Mann zur Frau. Die Hochzeit ist gefeiert, die schmerzliche Stunde der Abreise ist da. Betrübt, wie er ist, sagt der Vater dem jungen Ehemann: dir meine Tochter wieder wegnehmen darf ich nicht; mich von ihr losreißen kann ich nicht – so geht in Frieden, aber wo immer ihr auch seid, haltet ein Kämmerchen für mich bereit, damit ich von Zeit zu Zeit bei euch sein und mit euch leben kann.

So gab Gott die Tora, seine heißgeliebte Tochter, an Israel, und sagte: sie zurücknehmen will ich nicht, mich von ihr trennen kann ich nicht: wahret sie, und wohin ihr auch geht, weiht mir einen kleinen Tempel, wo Ich bei euch sein kann.

II, 34

Gottes Stimme erscholl auf dem Sinai. Bei jedem
Schall: Zeichen und Wunder.
Jene göttliche Stimme breitete sich über die ganze
Schöpfung. Israels Ohren klang sie wie von Mitter-
nacht. Israel stürzte sich nach Mitternacht – und die
Stimme erklang von Mittag. Sie wendeten sich gen
Mittag – und die Stimme erklang von Abend. Sie wen-
deten sich gen Abend – und sie erklang von Morgen.
Die Stimme erklang vom Himmel, erklang von den
Tiefen der Erde. Und Israel rief: Von welcher Seite
wird denn nun die Tora ertönen?
Die göttliche Stimme widerhallte in tausend und aber-
tausend Sprachen: alle Völker vernahmen die Worte,
und ihre Seele ward davon verwirrt. Israel allein *hörte*
und war nicht verwirrt.

Die göttliche Stimme war den Völkern, die sie nicht in
sich einließen – Blitz; für Israel, das sie hörte – Leben.

Die göttliche Stimme glich sich der Seele eines jeden,
ja auch ihren Kräften, an: in immer wieder anderem
Ton drang sie in die Seele der Greise ein, der Männer,
der Jünglinge, der Knaben, der Frauen – und der Ton
entsprach der geistigen Art eines jeden.   II, 15-16

Artaban schickte an Rabbi ein Juwel von großem
Wert und bat ihn, ihm etwas von gleichem Wert dafür
zurückzuschicken. Rabbi übersandte ihm eine Mesusa.
Was? sagt Artaban – ich gebe dir einen Gegenstand,
der so viel Gold wert ist, und du gibst mir etwas so
Wertloses dafür?
Freund! antwortete Rabbi – alle deine und meine
Reichtümer kommen nicht an das heran, was ich dir
geschickt habe. Rechne noch dazu, daß ich dein Ge-
schenk wohlverwahren muß; das meine hält dir
Wache – mit ihm kannst du sicher und ruhig schlafen.
Denn das GESETZ begleitet dich in dieser Welt, begleitet dich im Schlaf des Todes, und bei deinem Er-
wachen findest du es wieder.

II, 36

Die kaiserlich römische Regierung hatte ein strenges Verbot an die Israeliten ergehen lassen, weiterhin das GESETZ zu pflegen, und jedem den Tod angedroht, der es noch lehren würde.

Rabbi Chanina wurde aufgegriffen, als er, das Buch des GESETZES auf der Brust, öffentlich die LEHRE des Glaubens vortrug. Voller Zorn verurteilten ihn die Römer zum Feuertod. Und zu noch größerer Qual und Schande befestigten sie das Buch des GESETZES ihm auf der Brust und legten große, wassergetränkte Schwämme darüber, um das Sterben in den Flammen möglichst in die Länge zu ziehen.

Der Märtyrer duldete schweigend, wie sehr die Schmerzen ihn auch peinigen mochten. Seine Tochter schrie verzweifelt: Ist das der Lohn der Frömmigkeit? Er sagte: Ständ' ich allein hier im Feuer, wären die Schmerzen vielleicht unerträglich; aber siehst du denn nicht, wie das Heilige Buch mit mir zu Asche zerfällt?

Seine Schüler, ergriffen von tiefer Bewunderung, sahen voller Entzücken, daß etwas wie Heiterkeit nicht aus seinem Gesicht wich. Sie fragten: Meister, was ist das für ein Geheimnis, das du schaust und das dir das Gemüt erheitert?

Meine Kinder! ich sehe, wie das Pergament dieses Buches zu Asche wird, aber die heiligen Worte fliegen unversehrt zum Himmel.

Meister! Dein Märtyrertum dauert entsetzlich lang! Öffne doch den Mund, daß die Flammen dir in die Brust dringen und dir einen schnelleren Tod geben.

Meine Kinder, Gott hat mir diese Seele gegeben – an Ihm ist es, sie zurückzunehmen, nicht an mir, sie aufzugeben.

II, 101-102

Die Rabbinen haben überliefert:
Einst hatte die (römische) Regierung den Befehl ergehen lassen, daß die Israeliten sich nicht mit der Tora
beschäftigen sollten. Da kam Papus ben Jehuda und
fand, daß Rabbi Akiba öffentliche Versammlungen
abhielt und sich mit der Tora beschäftigte. Da sprach
er zu ihm: Wie, Akiba, fürchtest du dich nicht vor der
Regierung?
Da erwiderte Rabbi Akiba:
Ich will dir mit einem Gleichnisse antworten. Womit
ist diese Sache zu vergleichen? Mit einem Fuchse, der
am Ufer eines Flusses umherging und sah, wie sich die
Fische von einem Orte zum andern versammelten. Er
fragte sie: »Wovor flieht ihr?« »Vor den Netzen«, antworteten sie, »welche die Menschen nach uns aus-
werfen.« Da sprach er zu ihnen: »Ist es euch recht, so
kommt herauf aufs Trockene (auf's Land), und ich
und ihr wollen zusammen wohnen, wie meine Väter
mit euren Vätern zusammen gewohnt haben.« Allein
die Fische antworteten: »Bist du es, den man
den Klügsten unter den Tieren nennt? Du bist nicht
klug, sondern dumm; denn wenn wir schon am
Orte unseres Lebens uns fürchten müssen, um wieviel mehr wird das am Orte unseres Todes der Fall
sein!«

So auch wir. Wenn es schon jetzt so ist, wo wir sitzen und uns mit der Tora beschäftigen, von der es heißt: *»Denn sie ist dein Leben«* . . ., um wieviel mehr erst, wenn wir gehen und uns ihr entziehen!

Man erzählt: Es vergingen nur wenige Tage, so ergriffen sie den Rabbi Akiba . . . In der Stunde, als sie Rabbi Akiba zum Tode hinausführten, war gerade die Zeit, in der man das Schᶜma liest, und sie rissen ihm sein Fleisch mit eisernen Kämmen ab, er aber nahm doch das Joch des Himmelreichs auf sich (das heißt: er betete das Schᶜma). Seine Schüler sprachen zu ihm: Unser Lehrer! Bis hierher?

Allein er antwortete ihnen: Mein Leben lang habe ich mich betrübt wegen dieses Verses: *»Mit deiner ganzen Seele«* sollst du Gott lieben – das ist: selbst wenn man dir das Leben nimmt. Ich dachte: Wann wird sich mir die Gelegenheit darbieten, daß ich es erfülle?

Und jetzt, da sich mir die Gelegenheit darbietet, soll ich es nicht erfüllen?

Und er hielt beim Aussprechen des Wortes Echad (der Einzige) so lange inne, bis er seine Seele dabei aushauchte.

IV, 1, 69-70

Mose, der das GESETZ gegeben hat, schrieb auf den Willen Gottes hin den Israeliten sechshundertunddreizehn Gebote vor. David faßte sie alle in *elf* zusammen (Ps 15):

»Ewiger, wer darf weilen in Deinem Zelte, wer darf wohnen auf Deinem Heiligen Berg?
Der ohne Makel wandelt und das Rechte tut, Wahrheit sinnet im Herzen und nicht verleumdet mit seiner Zunge, dem Freunde nichts Böses antut und seinen Nächsten nicht schmäht, den Gottlosen für gering hält, und die ehrt, die den Herrn fürchten, der seinen Schwur nicht ändert, auch wenn es sein Schaden ist, der sein Geld nicht auf Wucher leiht und wider den Unschuldigen sich nicht bestechen läßt.«

Der Prophet Isaias faßte sie in *sechs* zusammen (cap 33):

»Wer in Gerechtigkeit wandelt und die Wahrheit spricht, wer Gewinn durch Bedrückung verschmäht, wer seiner Hand verwehrt, nach Bestechung zu greifen, wer sein Ohr verstopft, damit es nicht Mordpläne anhöre und seine Augen schließt, um Böses nicht einmal anzusehen.«

Der Prophet Michäa führt sie auf *drei* zurück (cap 6):

»Was gut ist, ist dir gesagt worden, o Mensch! Was der Herr von dir fordert: das Recht tun, Milde lieben und in Demut wandeln vor deinem Gott.«

Der Prophet Isaias verbessert noch einmal und kommt nur noch auf *zwei* (cap 56):

»*Beobachtet das Recht und tuet Liebe.*«

Der Prophet Amos führt sie auf *eines* zurück (cap 5):

»So spricht Gott zum Hause Israel: *Suchet mich und lebt.*«

Ein Gelehrter merkte dazu an: aus dieser Stelle könnte man schließen, man solle Gott suchen durch die Erfüllung aller Gebote. Achtet darum auf den Propheten Habakuk, der sie alle auf *eins* zurückführt (cap 2):

»*Der Gerechte wird durch Glauben leben.*«

II, 45

שפך

חמתך על הגוים אשר לא
ידעוך ועל הממלכות אשר
בשמך לא קראו ׃ שפך
עליהם זעמך וחרון אפך
ישיגם ׃ תרדף באף ות
תשמידם מתחת שמי יי ׃

»Schefoch« aus einer illuminierten Haggada (15. Jahrhundert)
Oben: Erheben des Bechers – Unten: Der Prophet Elias, auf einem Esel ankommend

ALSO SPRICHT DER HERR:
DAS HERZ VON STEIN SCHAFFE ICH
AUS EUREM FLEISCH WEG
UND GEBE EUCH EIN HERZ VON FLEISCH

Ezechiel

Wie hatte Rabbi Akiba begonnen?

Man erzählt: Er hatte, als er vierzig Jahre alt war, noch keinen Unterricht genossen. Einst stand er an einer Brunnenöffnung und fragte: Wer hat diesen Stein ausgehöhlt?

Die Wassertropfen, die immerfort auf ihn fallen, Tag für Tag – erhielt er zur Antwort. Und man sagte ihm: Akiba, kennst du nicht das Wort der Schrift: *»Wasser zermalmt Steine«*? Sofort folgerte Rabbi Akiba: Wenn das Weiche imstande ist, das Harte auszuhöhlen, um so mehr sind die Worte der LEHRE, die so hart wie Eisen sind, fähig, meinen Sinn zu erweichen, der ich von Fleisch und Blut bin.

Sofort faßte er den Entschluß, die LEHRE zu erlernen.

IV, 1, 67-68

Als das Heer der Ägypter, das Israel verfolgt hatte, im zurückflutenden Meer unterging, wollten die Engel ein Jubellied anstimmen. Der Herr aber sprach: Meine Geschöpfe ertrinken, und ihr – ihr wollt singen?

Wenn für die Heidenvölker der Tag des Untergangs und für Israel der Tag des Triumphes kommt, bricht der Himmel in Klage aus: Hier sind meine Geschöpfe, und da sind meine Geschöpfe – kann ich denn die einen um der anderen willen vernichten?

Wie schon das Sprichwort sagt: Wenn der Ochs zusammenbricht, stellt sein Herr, und es gefällt ihm gar nicht, das Pferd an dessen Krippe; wenn der Ochs wieder gesund ist, jagt der Herr, und es gefällt ihm gar nicht, das Pferd wieder davon weg.

II, 202-203

Eine Geschichte von Rabbi Elieser und Rabbi Jehoschua und Rabbi Zadok: Sie saßen hingelehnt bei
einem Trinkmahle des Sohnes von Rabban Gamliel,
und Rabban Gamliel stand bei ihnen und schenkte ein.
Er reichte den Becher dem Rabbi Elieser, der aber
nahm ihn nicht an; er reichte ihn dem Rabbi Jehoschua, der nahm ihn an.
Sprach Rabbi Elieser zu ihm: Wie ist das, Jehoschua,
wir sitzen da, und Rabban Gamliel steht und schenkt
uns ein! Sprach er zu ihm: Wir finden einen größeren
als ihn, der bedient hat: Abraham, ein Großer seines
Geschlechts war er ja, und von ihm ist geschrieben:
*»Er aber stand vor ihnen unter dem Baum, während sie
aßen«*; vielleicht sagst du: Jene erschienen ihm Die-
nende Boten (Engel) zu sein! – nein, sie schienen ihm
Araber zu sein; und wir, warum sollte Rabban Gamliel
nicht bei uns stehn und einschenken?
Sprach zu ihnen Rabbi Zadok: Wie lange noch wollt
ihr Gottes Ehre liegen lassen und euch beschäftigen
mit der Ehre der Geschöpfe? Der Heilige, gesegnet sei
Er, läßt Winde wehen, Wolken aufsteigen, Regen fallen, Erdboden sprossen, er ordnet den Tisch für jeden
und jeden – und wir, warum sollte Rabban Gamliel
nicht bei uns stehn und einschenken?

I, 22-23

Eine Geschichte von Rabbi Schimon ben Elasar, der aus Migdal Eder, aus dem Hause seines Meisters zurückkam; er ritt auf einem Esel, so lustwandelnd am Ufer des Meeres. Da fand er einen Menschen, der überaus häßlich war. Er sprach zu ihm: Wie doch so häßlich können Kinder unsres Vaters Abraham sein! – Sprach er zu ihm: Was soll ich machen? Sag es dem Künstler, der mich gemacht hat.

Sogleich stieg Rabbi Schimon ben Elasar vom Esel herab, warf sich hin vor ihn und sprach zu ihm: Ich neige mich dir, vergib mir! – Sprach er zu ihm: Nicht kann ich dir vergeben, bevor du gegangen bist zu dem Künstler, der mich gemacht hat, und zu ihm gesagt hast: Wie doch so häßlich ist dies Gerät, das du gemacht hast!

Jener aber ging ihm nach eine halbe Meile; da hörten's die Leute seiner Stadt, zogen aus, ihm entgegen, und sprachen zu ihm:

Friede über dich, Meister! –

Sprach der Häßliche zu ihnen: Wen ruft ihr Meister? –

Sprachen sie zu ihm: Den, der hinter dir herwandelt!

Sprach er zu ihnen: Wenn das ein Meister ist, mögen seinesgleichen nicht viele sein in Israel!

Sprachen sie zu ihm: Schonung und Friede! Was hat er dir denn getan? –

Da sprach er zu ihnen über die ganze Sache. – Da drangen sie sehr in ihn, er solle vergeben. Er sprach: Wohl, ich vergebe ihm, nur möge er sich nicht gewöhnen, solches zu sprechen!

An diesem Tage saß Rabbi Schimon und hielt Lehrdeutung in seinem großen Lehrhause: Sei immerdar weich wie Rohr, sei nie hart wie eine Zeder.

Ein Rohr: mögen die vier Winde der Welt ausfahren – das Rohr geht mit und kommt wieder mit ihnen; stehen die Winde still – das Rohr steht wieder an seinem Ort. Und wie ist das Ende dieses Rohrs? Es ist gewürdigt, daß man davon die Feder nimmt, die Torarolle damit zu schreiben.

Aber nicht so ist es mit der Zeder; fährt ein Nordwest-Wind aus, so reißt er sie nieder; kommt er von Süd-Westen, so reißt er sie nieder und kehrt sie auf ihr Angesicht; so wird gefunden: hingeworfen ist die Zeder, die da hochstand auf ihren Wurzeln. Und wie ist das Ende dieser Zeder? Es kommen Hacker und zerhacken sie und verwenden sie zum Häuserbau, und den Rest legen sie ins Feuer.

Darum sprachen die Weisen: Sei weich wie ein Rohr, sei nie hart wie eine Zeder.

I, 255-256

Da war einer aus vornehmer Familie, gewohnt, sich ein fürstliches Gefolge zu halten; aber dann kamen schlechte Zeiten für ihn, sein Reichtum schwand dahin, mehr und mehr, und schon sah er sich in Gefahr, in der Öffentlichkeit nicht mehr so auftreten zu können, wie es dem Namen, dem Ansehen seiner Familie entsprach.

Er vertraute seine Not Rabbi Hillel an.

Und da er gewohnt war, in der Stadt auf prächtigem Pferd zu reiten und einen Sklaven dabei vor sich hergehen zu lassen, bestritt Rabbi Hillel ihm die Kosten für Pferd und Sklaven.

Einmal aber fand sich kein Sklave, der bereit gewesen wäre, diesen Dienst zu übernehmen.

Da bot sich der gute Rabbi selbst an und lief drei Meilen weit vor dem Pferd her.

II, 111-112

In der Nachbarschaft von Mar Ukba wohnte ein
Mann, der überall hochgeachtet war; er war zwar arm,
wollte aber lieber aufs kärglichste leben als um Almosen bitten. Der Rabbi, mildtätig wie er war, pflegte
jeden Tag dem armen Mann durch den Türschlitz ein
Geldstück ins Haus zu werfen, ohne daß das irgend
jemand sah. Der Arme, erfreut über dieses regelmä-
ßige Almosen, wünschte dagegen allmählich immer
dringlicher zu sehen, wer dieser heimliche Wohltäter
sei. Er beschloß, zur fraglichen Zeit aufzupassen.
Aber gerade an dem Tag war der Gelehrte länger als
üblich im Lehrhaus geblieben, so daß seine Frau ihn
abholte. Auf dem Nachhauseweg kommen sie am
Häuschen des Armen vorbei, schleichen sich auf Fuß-
spitzen zur Tür und werfen die Münze hinein. Da reißt
der arme Mann die Tür auf. Kaum hören die beiden
das Knarren der Tür, da ergreifen sie die Flucht. Der
andere läuft ihnen nach. Und als sie merken, daß man
ihnen folgt, hasten sie noch schneller; aber der Ab-
stand zum Verfolger wird immer geringer.
Da, an einer Biegung, sehen die Eheleute einen Back-
ofen. Noch mächtig warm ist er, aber sie sind gerettet,
verkriechen sich im Ofen, kümmern sich nicht um die
Hitze – heilfroh, dem Blick ihres Verfolgers entkom-
men zu sein.

Aber, fragte ein Weiser – warum sich solche Mühe geben, um sich zu verstecken? Weil es besser ist, man wirft sich in einen brennenden Ofen, als Anlaß zu geben, daß der Nächste öffentlich beschämt wird.

Wie die Meister lehrten:
Wer das Angesicht seines Nächsten öffentlich beschämt, der hat keinen Anteil an der zukünftigen Welt, sollte er auch Torakenntnis und gute Werke aufzuweisen haben.

Ein Mischnalehrer sagte:
Jeder, der das Angesicht seiner Gefährten vor den Vielen erbleichen läßt, ist, als ob er Blut vergießt.

II, 112-113

Rabbi Schammai lehrte seine Schüler, niemals in ihren Worten von der strengsten und genauesten Wahrheit abzugehen: selbst die leichteste Verletzung der absoluten Wahrheit, aus welchem Grund auch immer, sei ein schweres Vergehen.

Rabbi Hillel dagegen, sanfter und nachsichtiger, behauptete, es gäbe Fälle, in denen man von der strengen absoluten Wahrheit abweichen dürfe, ohne daß das einem zur Last gelegt werden würde.

In einer Disputation über diese wichtige Frage kam man auch auf die Lieder zu sprechen, die man auf eine Braut zu dichten und zu singen pflegt, und man debattierte miteinander, ob es einen Wahrheits-Maßstab auch für solche Lobeshymnen gebe.

Rabbi Schammai, auf seine absolute Wahrheit festgenagelt, erklärte, man dürfe in solchen Liedern der Braut keine Vorzüge andichten, die sie nicht wirklich besitze, andernfalls man sich gegen das GESETZ verfehle. »Man schildere sie, wie sie *ist*, sagte er in strengem Ton – nicht anders.«

Rabbi Hillel erklärte dagegen, es sei höchst unpassend, bei einem so freudigen Anlaß Fehler zu erwähnen, die die Freude trüben könnten, oder etwa ein so dürftiges Bild von der Braut zu entwerfen, daß sie dadurch ganz beschämt würde. »Sage man doch einfach, daß sie schön und anmutig sei«, setzte der Weise hinzu, »ein wenig Ungenauigkeit kann doch in einem solchen Fall nicht schaden.«

»Schön und anmutig«, wiederholte sein Gegner. Man denke sich doch nur mal, die Braut sei lahm oder blind – wahrhaftig, wie würden ihr solche Lobsprüche anstehen? Welche Falschheit! Und dabei befiehlt uns doch das GESETZ, uns von jeder Lüge fern zu halten.

Aber stellt euch doch mal vor – erwiderte Hillel –, ein Freund von euch habe einen schlechten Kauf gemacht, aber in süßer Täuschung freut er sich darüber und zeigt euch voller Befriedigung, was er gekauft hat. Würdet ihr darüber lachen und über seine Erwerbung spotten? So auch, wenn ein armer Bräutigam sich bei seiner Wahl getäuscht hat – wozu ihm mit strenger Kritik das Gemüt verdüstern?

Die Disputation ging noch lange weiter, aber die Mehrzahl der Weisen einigte sich schließlich darauf, daß der Mensch sich immer so verhalten solle, daß er dem anderen zu Gefallen sei.

II, 30-31

Der Arme sitzt und murrt:
Bin nicht auch ich Sein Geschöpf? Warum geht es jenem so und mir so? Er wohnt in einem großen Haus, ich in dieser Hütte; er schläft in einem weichen Bett, ich auf dem nackten Boden.
Tut ihm nun einer Gutes, so besänftigt sich sein Herz, und er hört auf zu murren.
Und Gott spricht: Du hast den Armen mit Mir ausgesöhnt und Frieden gestiftet zwischen ihm und Mir.

Ein Tora-Gelehrter ging eines Tages mit seinem Freund durch die Ruinen der Heiligen Stadt. Und als er die Stätte sah, wo einstmals der Tempel in seiner ganzen Herrlichkeit gestanden hatte, brach er in Tränen aus:
Wehe uns! Das Haus Gottes, wo unsere Sünden gesühnt wurden, ist nicht mehr. Wehe uns! Was wird aus unseren Sünden? Der Freund sagte:
Betrübe dich nicht darüber, Meister. Ein Mittel der Sühne ist uns geblieben, nicht weniger mächtig als jenes:
anderen helfen in ihrer Not.

II, 150

Rab Huna war ein Mann von heiligen Sitten und großer Gelehrsamkeit, von allen geachtet und verehrt. Neben dem Hause des Gottesgelehrten wohnte eine arme Frau; kümmerlich genug lebte sie von ihrer Arbeit, fand aber bei all ihrer Dürftigkeit immer noch Möglichkeiten heraus, wie sie anderen armen Bekannten kleine Dienste tun könne. Wenn sie zum Beispiel einmal die Woche Brot in einem kleinen, auf ihre Kosten geheizten Ofen buk, sorgte sie dafür, kaum daß sie ihr Brot herausgenommen hatte, daß der Ofen für eine arme Bekannte die nötige Hitze behielt und die auch noch backen konnte.

Eines Tages brach in der Nachbarschaft ein großes Feuer aus, das sich mit Windeseile weiterfraß, aber noch bevor es das Haus des gelehrten heiligen Mannes erfaßte, wurde es – wie durch ein Wunder – gelöscht. Die Mitbürger verehrten den Gottesgelehrten nun noch mehr, glaubten sie doch, seiner Verdienste wegen habe sich der Brand nicht weiter ausgebreitet. Bis einer von ihnen im Schlaf eine geheimnisvolle Stimme hörte, die da sprach: Rab Huna ist ein großer Mann. Der Brand jedoch wurde gelöscht durch die Verdienste der armen Frau, die nebenan wohnt.

II, 29-30

Wer sich einen Knecht nimmt, gibt sich einen Herrn.
Das GESETZ gebietet, den Diener zu behandeln, wie
man sich selbst behandelt:
gleicher Tisch, gleiche Speise, gleiches Bett;
nicht für den Herrn Wolle, für den Diener Stroh, nicht
für den Herrn erlesene Speisen, für den Diener Haus-
mannskost,
nicht für den Herrn alten Wein, für den Diener jungen
Wein.
So vielerlei Rücksicht ist man dem Diener schuldig,
daß mit Recht gesagt wurde:
wer sich einen Diener nimmt, gibt sich selbst einen
Herrn.

II, 133

Es geschah, als Mose noch die Schafe Jithros weidete.
Eines Tages, als er mit seiner Herde auf einem der sel-
tenen Weideplätze dieses so öden Landes umherzog,
sieht er eins der Lämmer – abseits der Herde. Es hat
sich verlaufen, und kommt immer weiter ab, und geht,
und geht. Der gute Hirte hinter ihm her! Aber das
Lamm fängt an zu laufen, immer schneller, und rennt
und überspringt Gräben. Und der Hirte immer nach.
Auf einmal steht das Lamm, den Kopf gesenkt, ja –
und trinkt, denn da ist ein Bach, und das Lamm kann
die vertrocknete Kehle hineintauchen – und trinken,
ach, so gierig trinken.
Da ist Mose, und da steht er, und schaut zu:
Mein Lämmlein, mein Gutes – es war also Durst, der
dich davongetrieben hatte, weg von mir, weg von der
Herde? und ich hatte es nicht gespürt. Wie müde mußt
du jetzt sein! nach einem so weiten Weg!
Und als das Lamm sich satt getrunken hatte, lud er es
sich auf die Schulter, und gebeugt unter seiner Last
geht er, und geht und geht zur Herde zurück.
Da kommt eine Stimme vom Himmel:
Du, der du so viel Liebe, so großes Erbarmen für die
Herde hast, die Menschen gehört, verdienst wohl be-
rufen zu werden, die Herde Gottes zu weiden.
II, 311-312

Rabbi, der Heilige, ging auf der Straße, als man ein Kalb zum Schlachten führte.

Das arme Kalb schrie jämmerlich und verkroch sich unter die Kleider des Gelehrten. Dieser zog sich zurück und sagte hart: weiter, weiter, dazu bist du geschaffen worden.

Da kam eine Stimme vom Himmel: Du hast kein Mitleid mit meinen Geschöpfen! Du verdienst kein Mitleid.

Von jenem Tage an war der ganze Leib des Heiligen mit Wunden bedeckt.

Ein andermal kehrte seine Magd das Haus. In einer Ecke des Zimmers lagen die Jungen eines Wiesels. Die Magd will sie wegkehren.

Arme Tierchen, sagt der Heilige, laß sie doch liegen.

Da kam die Stimme vom Himmel: Du hast Mitleid mit meinen Geschöpfen! Du verdienst Mitleid.

Von jenem Tage an heilten die Wunden.

II, 114

בן תימא אומר הוי עז כנמר וקל כנשר ורץ כצבי וגבור כארי לעשות
רצין אביך שבשמים פרט ארבעה דברים בעבודת הבורא ית' והתחיל
בעז כנמר לפי שהוא כלל גדול בעבודת הבורא ית' לפי שפעמים אדם
חפץ לעשות מצוה ונמנע לעשותה מפני בני אדם שמלעינין עליו
ועל כן הזהיר שתעיז פניך כנגד המלעיגין ועל תמנע מלעשות המצוה
וכן אמר רבן יוחנן בן זכאי לתלמידיו יהי רצון שתהא מורא שמים
עליכם כמורא בשר ודם וכן אומר לענין הבושה שפעמים אדם מתבייש
מפני אדם יותר ממה שיתבייש מפני הבורא ית' על כן הזהיר שתעיז
מצחך כנגד המלעינים ולא תבוש וכן אמר דוד ע'ה וארברה בעדותיך
נגד מלכים ולא אבוש אף כי היה נרדף וברוח בין האומות היה מחזיק
בתורתו ולומר אף כי היו מלעינים עליו אומר קל כנשר כנגד ראות
העין ורומה אותו לנשר כי כאשר הנשר טש באויר כך הוא ראות העין
לומר שתעצים עיניך מראות הרע כי הוא תחילת העבירה שהעין רואה
והלב חומד וכלי המעשה גומרין ואמר גבור כארי כנגד הלב כי הגבורה
בעבודת הבורא ית' היא בלב שתחזק לבך בעבודתו ואמר רץ כצבי
כנגד הרגל ים שרגליך לטוב ירוצו וכן דוד המלך ע'ה היה מתפלל על
שלשתם אלא ששנה הסדר אמר הדריכני בנתיב מצותיך על הרגלים
ואמר אחר כך הט לבי ואמר אח'כ העבר עיני מראות רע והזכ'ל בלב הטיה
ובעין העברה כי הלב הוא ברשותו להטותו בדרך הטובה או לרעה אף
אחר שראהו מעשה השוא על כן התפלל שיעזרינו להטותו לדרך הטוב'
אבל ראות השוא אינו ברשותו כי איפשר שיפגע בו פתאום לבן ויראנו
התפלל שיעביר עיניו מראות שוא ולא יזמינה לפניו בלל לכן צריך
האדם להתגבר כארי לעמוד 'בבקר לעבודת בוראו ואף אם שישאינו יצרו
בחורף לאמר איך תעמוד בבקר כי הקור גדול או שישיאנו בקיץ לאמר
א   ב
ל

Blatt aus »Tur orach chajim« des Jakob ben Ascher

In der vor 1500 gedruckten Ausgabe der Familie Soncino
(Mit reichem ornamentalem Schmuck)

DIESES GEBOT:
SEHR NAHE IST DIR DAS WORT,
IN DEINEM MUND
UND IN DEINEM HERZEN –
DU KANNST ES TUN

5. Buch Mose

Als Mose Israel aus dem Lande Ägypten geführt hatte und die Kunde davon zu den Völkern gedrungen war, erfaßte sie Furcht und Staunen, und sie verwunderten sich baß über den Mann, der solche Heldentaten vollbracht hatte.

Ein arabischer König aber begehrte sehnlich, den Sohn Amrams zu sehen, und sandte einen erlesenen Maler in das Lager der Ebräer mit dem Auftrage, ihm von dem Führer der Stämme Jakobs ein Bildnis zu verfertigen. Der Künstler ging hin, bildete die Gestalt Moses ab und brachte die Tafel seinem Fürsten. Da ließ der König die Weisen kommen und gab ihnen auf, aus dem Bilde das innere Wesen und den Charakter des Dargestellten herauszulesen und das Geheimnis seiner Kraft aus seinen Zügen zu ergründen. Die Weisen beschauten das Bildnis und gaben dem König einstimmig folgende Antwort: Nach dem, was wir sehen, zu urteilen, muß der berühmte Mann, das wollen wir unserem Herrn gestehen, ein Mensch von böser Veranlagung, voll Hochmut, Habgier und heftiger Triebe sein, einer, in dem man alle Laster, die die menschliche Seele herabwürdigen, vermuten kann. Da ergrimmte der König und sprach: Ihr verhöhnt mich wohl; von überallher höre ich nichts als Ruhmvolles über den herrlichen Mann. Nun erschraken die Untergebenen, die Geschichtsforscher und der Künstler und suchten sich mit demütiger Stimme zu rechtfertigen. Die Weisen gaben dem Maler die Schuld und sagten, daß die Zeichnung falsch sei; der Künstler wiederum schob die Schuld auf die Beurteiler, die das Bild nicht zu deuten verstünden.

Da nun der König die Wahrheit wissen wollte, begab er sich in eigener Person mit seinen Reitern in das Lager Israels. Er kam und sah noch von der Ferne das Angesicht Moses, des Mannes Gottes. Er holte das Bildnis hervor und verglich es mit der lebendigen Erscheinung, und siehe, es stimmte mit dieser überein. Dessen verwunderte sich der Fürst ohne Maßen. Er suchte das Zelt des Propheten auf, bückte sich und fiel vor ihm auf sein Angesicht und erzählte, was ihm mit dem Werke des Künstlers widerfahren war. Er sprach: Sei mir gnädig, du Mann Gottes! Ehe ich dein Antlitz geschaut hatte, glaubte ich, daß die Arbeit des Malers mißlungen wäre; nun ich dich von Angesicht schaue, sehe ich, daß die Gesichtsdeuter, die an meinem Tische speisen, mich betrogen haben und daß das, was sie treiben, Afterkunst ist.

Da erwiderte Mose dem Fürsten und sprach: Nicht so, mein Herr; sowohl deinem Bildner als deinen Weisen ist recht zu geben. Wäre ich nicht von Natur, wie mich

dir die Nachdenklichen schilderten, ich gliche einem
verdorrten Stück Holz, von dem man gleichfalls sagen
kann, daß es von Untugenden frei ist. Jawohl, mein
Herr, ich stehe nicht an, dir zu bekennen, daß all die
Fehler, die die Gesichtsdeuter aus meinem Bilde her-
ausgelesen haben, und noch viele andre in mir vorhan-
den sind, daß ich aber durch die Kraft meines Willens
ihrer Herr geworden bin, so daß das Gegenteil davon
nunmehr meine zweite Natur ausmacht.
Das ist der Grund dafür, daß ich solchen Namen er-
rungen habe und daß ich verherrlicht werde im Himmel
da oben und auf der Erde unten.

VI, 20-22

Nicht hat der Heilige, gesegnet sei Er, der genannt ist Bewährter und Gerader, den Menschen (aus anderem Grund) in Seinem Bilde erschaffen, als daß der ein Bewährter und Gerader werde, ihm gleich. Vielleicht sprichst du: Warum hat der Heilige, gesegnet sei Er, den Bösen Trieb erschaffen, von dem geschrieben ist: *»Weil der Trieb des Menschenherzens von seiner Jugend her bös ist«*: Du (Gott) selbst sagst, daß er bös ist – wer vermöchte ihn gut zu machen?

Da spricht der Heilige, gesegnet sei Er: Du selbst machst ihn zu einem bösen. Wie? Ein Kind von fünf, von sechs, sieben, acht, neun Jahren sündigt nicht, sondern erst von zehn Jahren an – da zieht es den Bösen Trieb groß.

Vielleicht sprichst du: Der Mensch vermag sich nicht zu bewahren!

Da spricht der Heilige, gesegnet sei Er: Du selbst hast ihn zu einem bösen gemacht. Wie? Ein Kind warst du und hast nicht gesündigt, dann wurdest du groß und hast gesündigt. Ja, so viele Dinge gibt's auf der Welt, die härter sind als der Böse Trieb und bitterer als er, und ihr macht sie süß; du findest nichts Bittereres als die Lupine, du aber mühst dich, sie siebenfach im Wasser zu sieden und zu süßen, bis sie süß wird; und so der Senf, die Kaper und viele Dinge. Wenn du also Bitteres,

das ich erschaffen habe, zu deinem Gebrauche süß
machst, wie erst könntest du es mit dem Bösen Trieb
tun, der in deine Hand gegeben wurde.
Rabbi Simon ben Elasar sagte:
Ich will dir ein Gleichnis machen – wem ist der Böse
Trieb ähnlich?
Einem Eisen, das man in die Glut gelegt hat;
allezeit, da es in der Glut ist, läßt sich aus ihm allerlei
Gerät machen, wie man's nur will.
Ebenso ist es mit dem Bösen Trieb:
kein anderes Zurechtbringen gibt es da als allein durch
die Worte der Tora, die dem Feuer gleicht. V, 123-124

Einst wurden gefangene Frauen nach Nehardea geführt; im Hause des Raw Amram des Frommen brachte man sie unter und nahm die Leiter vor ihnen fort.

Als aber eine von ihnen vorüberging, da fiel ein Lichtstrahl durch den Einlaß. Nahm Raw Amram die Leiter – zehn Leute konnten sie nicht heben, er aber hob sie allein – und stieg hinauf. Als er an die Hälfte der Leiter kam, hielt er an und erhob seine Stimme: Feuer bei Amram!

Da kamen die Meister und sprachen zu ihm: Wir müssen uns deiner schämen!

Sprach er zu ihnen: Besser ist es, ihr schämt euch des Amram in Dieser Welt und braucht euch seiner nicht zu schämen in der Kommenden Welt.

Dann beschwor er den Trieb, daß er von ihm weiche. Da wich er von ihm, einer Feuersäule gleich. Sprach Amram zu ihm: Schau, du bist Feuer und ich bin Fleisch, aber ich bin mächtiger als du.

V, 125

Der Prophet Elia erzählt:

Ein spöttischer Verächter aller göttlichen Dinge hatte nur Höhnereien und Beleidigungen für mich übrig. Mein Sohn, sagte ich zu ihm, was wirst du deinem Vater im Himmel antworten können, wenn du zum Gericht gerufen wirst? Was ich dann antworten kann? sagte der Spötter anmaßend. Ich werde sagen, Gott hätte mir Tora-Gelehrsamkeit und Verstand geben sollen. Er hat sie mir nicht gegeben. Also seine Schuld. Was treibst du, fragte ich ihn. Ich bin Fischer, antwortete er mir.

Du bist Fischer? und hast genug Verstand, um die Netze herzurichten und zur richtigen Zeit auf Fischfang zu gehen? Wer hat dir diesen Verstand gegeben?

Diesen Verstand! rief der Fischer. Was ist dabei großer Verstand? Er reicht nur grad für einen Fischer. Nicht für mehr!

Was für ein großer Verstand! versetzte ich. Glaubst du, daß, um das GESETZ zu befolgen, soviel Verstand nötig wäre? *Das Gesetz*, sagt Mose, *ist dir sehr nahe, es ist in deinem Munde und in deinem Herzen, und du kannst es tun.*

Der Fischer war bewegt und vergoß Tränen der Reue.

II, 70

Ich lege dir vor »Leben« und »Tod«, sagte Mose zu Israel.

Es glaube aber niemand, er könne den Weg wählen, der ihm am meisten gefällt, weil Gott ihm die Wahl zwischen den Wegen läßt. Zu gleicher Zeit nämlich mahnt Mose, das Leben zu wählen.

Ein Mann steht unbeweglich am Schnittpunkt, wo sich die Straße in zwei entgegengesetzte Wege teilt. Der eine Weg, durch lachende Gegend zunächst, führt schon bald in Gestrüpp und Dornen; der andere, erst ganz mit Dornen überwachsen, mündet schnell in einer lachenden Ebene.

Der Mann warnt die Wanderer: Laßt euch vom Augenschein nicht täuschen – nehmt den Weg zwischen den Dornen durch, und ihr werdet in ein lachendes, glückliches Land kommen.

Dieser Mann ist Mose, der Israel ermahnt: »Ihr seht Frevler, die glücklich sind in dieser Welt, aber ihr Ende ist Finsternis und Trauer. Ihr seht Gerechte unglücklich; aber hernach werden sie in Licht und Frieden sein.«

II, 68

Ein König hatte in seinem Garten einen so unermeßlich tiefen Graben, daß man nicht einmal bis zum
Grund heruntersehen konnte. Irgendeines schönen
Tages dingte er sich viele Taglöhner: sie sollten Erde
aufhäufen und den Graben ausfüllen. Einige von
ihnen nahmen erst mal genauer den Graben in Augenschein, und als sie dessen maßlose Tiefe sahen, sagten
sie törichterweise: Wie kann man einen solchen Graben auffüllen? und zogen sich von der Arbeit zurück.
Die Vernünftigen dachten sich: Was geht es uns an,
wie tief er ist? Wir werden tageweise bezahlt und sind
glücklich, Arbeit zu haben; tun wir unsere Pflicht, und
füllen wir ihn auf, so weit wir können.
So sage der Mensch nicht: Wie unermeßlich ist Gottes
GESETZ! Tiefer ist es als das Meer! Wie viele Vor-
schriften! Wie denen alle nachkommen?
Gott sagt zum Menschen: Du wirst für den Tag bezahlt! Tue an Arbeit, was du kannst – und denk nicht
an anderes.

II, 66-67

Jedes gebotene Ding, das der Mensch tun kann, das tue er, und jedes Ding, dem seine Hand nicht zureicht, das tue er in Gedanken.

Gemäß der Erzählung von einem Manne, der ein Viehhirte war und der nicht zu beten wußte. Jeden Tag aber pflegte er zu sprechen: Herr der Welt! Offen und kund ist's vor dir, daß wenn du Vieh hättest und du es mir zum Hüten gäbest – für alle hüte ich um Lohn –, für dich würde ich's umsonst tun, denn ich liebe dich. Einst ging ein Gelehrter seines Wegs und traf den Hirten, der also betete. Sprach er zu ihm: Narr, bete nicht also. Sprach der Hirte zu ihm: Wie denn soll ich beten? Sogleich lehrte ihn der Gelehrte die Ordnung der Segenssprüche, »das Rufen des Sch^ema« und das Gebet, damit er nicht ferner spreche, was er zu sprechen gewohnt war.

Nachdem der Gelehrte fortgegangen war, vergaß jener alles, was er ihn gelehrt hatte, und betete nicht; auch was er zu sprechen gewohnt war, fürchtete er sich zu sprechen, da jener Gerechte es ihm verwehrt hatte.

Dem Gelehrten aber schien im Traume der Nacht, daß man zu ihm sprach: Wenn du nicht sagst, daß er sprechen solle, was er zu sprechen gewohnt war, bevor du zu ihm gekommen bist, und wenn du nicht hingehst, dann wisse, daß Böses dich treffen wird, denn geraubt hast du mir einen von der Kommenden Welt.

Sogleich ging er hin und sprach zu ihm: Was betest du? Sprach er zu ihm: Nichts, denn vergessen habe ich, was du mich gelehrt hast, und verboten hast du mir zu sprechen: »Wenn du Vieh hättest . . . « Sprach zu ihm der Gelehrte: Das und das kam mir in den Traum. Sprich, was du zu sprechen gewohnt warst.

Sieh, hier gibt's weder »Tora« noch »Werke«, nur dies, daß einer gedacht hat, das Gute zu tun, und es ward ihm gelohnt wie ein großes Ding. Denn: *»Der Barmherzige will das Herz.«*

Darum denke der Mensch gute Gedanken zum Heiligen hin, gesegnet sei Er.

I, 97-98

Nicht ächtet der Heilige, gesegnet sei Er, irgendein
Geschöpf.
Sondern:
Alle nimmt er an.
Die Tore sind offen in jeglicher Stunde,
allwer eintreten will,
trete ein.

Den Himmel und die Erde ruf' ich mir als Zeugen an:
Sei's ein Fremdgläubiger, sei's ein Jude, sei's Mann,
sei's Weib, sei's Knecht, sei's Magd:
dem Tun gemäß, wie es einer tut –
also läßt sich der Geist der Heiligkeit auf ihn nieder.

I, 57-58

**VERTOONING VAN DE WET
VAN MOSES AAN HET VOLK.**

Toravorlesung: Hochheben der Tora

Nach einem holländischen Stich aus dem Jahre 1780 (Ausschnitt)
Aus der Kunstsammlung der Jüdischen Gemeinde, Berlin

GROSS IST DIE KRAFT DER UMKEHR –
SIE REICHT BIS AN DEN THRON
DER HERRLICHKEIT

Talmud

Ehe noch die Welt erschaffen war, war der Herr allein mit seinem großen Namen. Da stieg es Ihm im Gedanken auf, eine Welt zu erschaffen. Und Er ritzte vor sich eine Welt hin. Ein König auf Erden, wenn er ein Schloß bauen will, er fängt nicht eher an mit dem Bau, als bis er sich einen Plan vorgezeichnet hat und weiß, wo das Fundament zu legen sei, wo die Eingänge und Ausgänge zu machen. Aber die Welt konnte nicht bestehen, bevor Er die Buße erschuf.

Es hatte ein König viele Weingläser, und er sprach zu sich selber: Wenn ich Heißes in die Gläser gieße, zersplittern sie, und Scherben werden daraus, gieße ich aber Kaltes hinein, so bekommen sie Risse und Sprünge. Was tat der König? Er vermengte Kaltes mit Heißem und gab es in die Gläser, und sie blieben ganz. So auch der Herr. Er sprach: Baue ich die Welt allein auf Barmherzigkeit auf, die Sünde nimmt überhand; lasse ich aber die Härte des Gesetzes allein walten, wie wird da die Welt bestehen? Ich will sie nun auf Milde und Strenge zugleich begründen, und, ach, daß sie dann bestehe.

III, 36-37

95

Ehe die Dinge wurden, war nur Gott und Sein Name.
Der göttliche Geist befahl die Schöpfung des Weltalls.
Aber vor dem göttlichen Geist löste sich das Weltall
immer wieder auf und kehrte ins Chaos zurück.
Es war, wie wenn ein Sterblicher einen großen Palast
zu bauen versuchte, dem die Fundamente fehlen.
Da schuf Gott die Buße – und das Fundament stand.

II, 76

Durch des Herrn Wort war die Welt zu Anfang nur
Wasser und Wasser, und Feuer, Wind und Luft bil-
deten gleichsam einen Stuhl auf dem Wasser, auf dem
der Herr in Seiner Herrlichkeit saß. Nur durch Seines
Mundes Wort hielt sich der Stuhl auf dem Wasser,
denn noch waren die heiligen Tiere nicht da.
Und vor dem Herrn lag es wie eine Lichtdecke gebreitet,
darauf waren die Bilder aller Geschöpfe ausgemalt.
Und unter dem Stuhle waren die Seelen der Kommenden verborgen. Zur Rechten des Herrn lag der Garten
Eden, den Raum zwischen dem Garten und dem Eden
füllte die Buße aus.
Vor dem Angesicht des Herrn stand der heilige Tempel,
die Herrlichkeit Gottes war inmitten des Tempels.
Auf einem köstlichen Stein, der auf dem Altar lag, war

der Name des Königs Messias eingegraben, und der
Geist Gottes trug den Stein. Und eine Stimme war zu
hören: Tut Buße, ihr Menschenkinder.

Sieben Dinge sind erschaffen worden, bevor die Welt
erschaffen wurde, und um zweitausend Jahre gingen
sie der Schöpfung voran. Diese waren: die SCHRIFT,
der Stuhl seiner Herrlichkeit, der Garten Eden und die
Hölle, die Buße, der oberste Tempel und der Messias.
Aber des Messias Name leuchtete, noch ehe die Sonne
da war.

III, 19

Es waren die höchsten Sphären, allwo Gott die Welt erschaffen hat, und durch Adam, den ersten Menschen, hatte er sie gleich an seine Gottheit geknüpft. Als aber Adam Sünde tat, da glitt die ganze Schöpfung hinunter und mit ihr auch die Herrlichkeit Gottes; alles Sein wurde gemein und erlitt einen großen Schaden; ein Fluch ruhte seither auf allem, was unten ist.

III, 73

Es war die siebente Stunde des sechsten Tages, da Adam in den Garten Eden gesetzt wurde; die himmlischen Heerscharen hatten ihn mit Lobgesängen dorthin gebracht; doch in der Dämmerung desselben Tages ward er schon vertrieben und ging davon. Und die Heerscharen riefen ihm nach: Nicht eine Nacht währet des Menschen Pracht, und den Tieren soll er nun gleichen.

Aber am ersten Tage nach dem Sabbat stieg Adam in die Wasser des oberen Gichon und ging weiter, bis das Wasser ihm zum Halse reichte; er peinigte seinen Leib und blieb sieben Wochen lang im Wasser, bis seine Haut einem Siebe glich. Und Adam sprach vor dem Herrn: Herr aller Welten! Vergib mir meine Sünde,

und nimm meine Buße an, auf daß alle Geschlechter erfahren, daß es eine Buße gibt und daß Du die Buße der Bekehrten annimmst.
Was tat der Herr? Er reckte seine Rechte, vergab Adam die Sünde und nahm seine Buße an.

III, 79-80

Am ersten Jahrestag ist Adam erschaffen worden; desselben Tages, da er erschaffen ward, stand er auch vor Gericht. Und der Herr sprach zu Adam: Du gibst mit diesem ein Zeichen deiner Nachkommenschaft; gleichwie du heute vor Gericht stehst und freigesprochen wirst, so werden deine Nachkommen immer an diesem Tage, am Neujahrstage, vor Meinem Gericht erscheinen und werden von ihren Sünden freigesprochen werden.

III, 78

Des Tages, da Adam geschaffen ward, ward ihm der Odem eingeblasen, desselben Tages stand er auf seinen Füßen, desselben Tages nannte er alle Tiere bei ihrem Namen, desselben Tages ward ihm Eva angetraut; desselben Tages setzte ihn der Herr in den Garten Eden; desselben Tages gebot ihm der Herr: davon sollst du essen, davon sollst du nicht essen; desselben Tages hatte er gefehlt; desselben Tages ward er gerichtet; desselben Tages ward er von Eden vertrieben.
Aber der Tag ging zur Neige, und wie es zu dämmern anfing, da sah Adam alle Helligkeit nach Abend gehen und die Welt um ihn her immer dunkler werden. Da sprach er: Oh, wehe mir! Dieweil ich gesündigt habe, wird die Welt um mich finster, und die Erde will wieder wüst und leer werden. Dies ist wohl der Tod, der vom Herrn über mich verhängt worden ist. Und er saß da und fastete und weinte die ganze Nacht hindurch, und Eva saß an seiner Seite und weinte mit.
Doch als die Morgenröte wieder am Himmel aufging und Adam die Welt wieder hell werden sah, ward er voll großer Freude und rief aus: Dies ist also das Gesetz der Welt, und immer folgt der Tag auf die Nacht! Und er machte sich auf und baute einen Altar.

III, 77-78

In der Nachbarschaft des Rabbi Meïr trieben sich Roh-
linge umher; die quälten ihn tüchtig.
Da betete er ihretwegen,
auf daß sie sterben möchten.
Sprach zu ihm Beruria, seine Frau:
Was ist deine Meinung?
da doch geschrieben ist: *»Aufhören mögen Sünden auf
der Erde«* – ist denn geschrieben »Sünder«?
»Sünden« ist geschrieben!
Und noch mehr:
sieh tiefer, auf den Schluß des Wortes: *»Und Frevler
sind nicht mehr da«*:
wenn die Sünden aufhören, sind keine Frevler mehr da.
Nein, sondern
bete ihretwegen,
daß sie sich wenden in Umkehr
und keine Frevler mehr sind.
Er betete ihretwegen,
und sie wandten sich zur Umkehr.

V, 123

Wer bei sich denkt: Ich werde sündigen und dann Buße tun – ich werde wieder sündigen und von neuem Buße tun: dem gibt die GERECHTIGKEIT keine Gelegenheit zur Buße.

Wer zu sich spricht: Ich werde das Böse tun, das große Fasten wird alles wieder sühnen: für den wird das große Fasten nichts sühnen.

An den Bußtagen werden des Menschen Verfehlungen gegen Gott vergeben. Aber für die Verfehlungen des Menschen gegen den Menschen kann nichts helfen, solange sie nicht gutgemacht und der andere wieder versöhnt ist.

Rab Adda sagte:

Wenn einer die Früchte seiner Sünden noch in den Händen hat, wenn er zwar Buße tut und weint und betet, aber die Früchte seiner Sünden nicht wegwirft – womit kann man einen solchen Menschen vergleichen? Er ist wie ein Tor, der ein unreines Insekt in der Hand hält und sich in diesem Wasser wäscht, sich in jenem Wasser wäscht und sich in tausend Wassern wäscht. Er wird nie rein werden, solange er nicht das Insekt fortwirft.

II, 55

Blatt aus dem viele tausend Seiten umfassenden »Talmud«

Der Blattspiegel ist seit vielen Jahrhunderten unverändert
auf diese Art geschrieben und dann gedruckt

WISSE,
WOHER DU KOMMST,
WOHIN DU GEHST
UND WEM DU EINST RECHENSCHAFT
GEBEN MUSST

Talmud

Welche Weise hat die Gestaltung des Kindes? Sprach Rabbi Jochanan: Was heißt es, wenn geschrieben ist: *»Er tut Großes unausforschlich, Wundersames gar ohne Zahl«*? Das ist das Große und das Wundersame, das der Heilige an der Gestaltung des Kindes tut.

Denn in der Stunde, da der Mann seinem Weibe naht, ruft der Heilige, gesegnet sei Er, den Dienenden Boten (Engel), der da Verweser ist über die Schwangerschaft, und spricht zu ihm: Wisse, daß jener heute nacht die Gestaltung eines Kindes bewirkt; du nun, geh und wahre den Keim.

Der tut also, nimmt den Keim, bringt ihn vor den Heiligen, gesegnet sei Er, und spricht vor ihm: Herr der Welt, ich habe getan, ganz wie du mir's geboten hast; dieser Keim aber, was sei mit ihm? Beschließe über ihn, wie es Dein Wille ist. – Sogleich beschließt der Heilige, gesegnet sei Er, über ihn, ob es ein Held werden soll oder ein Schwacher, ein Langer oder ein Zwerg, ein Männliches oder ein Weibliches, ein Narr oder ein Weiser, ein Reicher oder ein Armer; aber ein Gerechter oder ein Frevler – das beschließt er nicht; denn wir sagen: »Alles ist in der Hand des Himmels, außer der Fürchtung des Himmels.«

Sogleich winkt der Heilige, gesegnet sei Er, den Boten heran, der Verweser ist über die Seelen, und spricht zu ihm: Bring Mir jene Seele da. Denn so und so tut man zur Erschaffung der Wesen vom Tag an, da die Welt erschaffen ward, bis daß die Welt aufhört.

Sofort kommt sie vor den Heiligen. Zu dieser Stunde spricht zu ihr der Heilige: Geh ein in jenen Keim! – Sogleich öffnet die Seele ihren Mund und spricht zu Ihm: Herr der Welt, genug ist's mir an der Welt, in der ich war vom Tag an, da ich erschaffen ward; wenn es dein Wille ist, laß mich nicht eingehn in diesen verweslichen Keim, denn heilig bin ich und rein.

Spricht zu ihr der Heilige, gesegnet sei Er: Die Welt, in die ich dich eingehen lasse, sie ist besser als die Welt, wo du warst; und als ich dich gestaltet habe – für diesen Keim habe ich dich gestaltet.

Sogleich läßt sie der Heilige, gesegnet sei Er, eine Gezwungene, eingehen in jenen Keim. Und der Bote kehrt um und läßt die Seele ins Eingeweid der Mutter einkehren. Dorthin lädt er zwei Boten (Engel) ein, die das Wesen bewahren, daß es nicht falle. Und über sein Haupt gibt man ein entzündetes Licht, wie gesagt ist: *»Als Seine Leuchte über meinem Haupte strahlte«*, und es schaut und sieht vom Anbeginn der Welt bis an ihr Ende.

Und am Morgen nimmt es der Bote und führt es in den Garten Eden und läßt es die Gerechten sehn, die in

Herrlichkeit wohnen, und sagt zu ihm: Weißt du, wessen diese Seele war? Sagt es zu ihm: Nein. Sagt er zu ihm: Jener, den du in solcher Herrlichkeit und auf solcher Stufe siehst, ward gleich dir im Eingeweid seiner Mutter gestaltet; und so der da und der; sie wahrten die Gesetze und die Rechte des Heiligen, gesegnet sei Er. Wirst du es tun ihnen gleich, dann wirst du nach deinem Tode, wie ja auch jene starben, dieser Stufe gewürdigt werden und dieser Herrlichkeit, wie du sie siehst. Wenn aber nicht, dann ist dein Ende, hinzugehen nach dem Orte, den ich dich sehn lassen werde. Und am Abend führt er es zur Stätte der Verdammnis und läßt es die Frevler sehen.... Und wieder sagt zu ihm der Bote: Mein Sohn, weißt du, wer sie sind, diese Verbrennenden? ... Wisse, auch jene wurden aus einem verweslichen Keim im Eingeweid ihrer Mutter gestaltet, aber Zeugnis und Gesetz des Heiligen, gesegnet sei Er, wahrten sie nicht; darum kamen sie in diese Schmach.

Und nun mein Kind, wisse, daß dein Ende ist, auszugehen von deinem Orte und zu sterben. Darum: Werde kein Frevler, sondern werde ein Gerechter, dann wirst du immerdar leben. Woraus folgt aber, daß es so ist? Aus dem, was gesagt ist: *»Meine Worte fasse dein Herz, Meine Gebote wahre und lebe.«*

107

Und der Bote wandert mit ihm vom Morgen zum Abend und läßt es jeden Ort sehen, den seine Fußsohle betreten wird, und den Ort, in dem es einst begraben sein wird. Und hernach läßt er es die Welt der Guten und der Bösen sehn.

Am Abend bringt er es ins Eingeweid seiner Mutter zurück ... So liegt das Kind im Eingeweid seiner Mutter neun Monate ... Ist nun seine Zeit erreicht, hervorzugehn, kommt jener Bote und sagt zu ihm: Geh hervor, denn erreicht ist deine Zeit, hervorzugehen in die Welt. Es aber antwortet ihm: Hab' ich nicht schon vor dem, der da sprach und die Welt ward, gesagt, daß mir genug ist an der Welt, in der ich gewohnt habe! Sagt zu ihm jener: Die Welt, in die ich dich eintreten lasse, schöner ist sie; und ferner: Ein Gezwungenes wirst du im Eingeweid deiner Mutter gestaltet, ein Gezwungenes wirst du geboren und gehst hervor in die Welt.

Da weint es. Und warum weint es? Um die Welt, in der es war, daß es sie lassen muß. Und da es hervorgeht, schlägt es der Bote unter die Nase und verlöscht das Licht, das über seinem Haupte war, und läßt es, ein Gezwungenes, hervorgehen; da vergißt es alles, was es gesehen hat.

I, 217-222

»Und die Seele wird nie satt.«
Die Tochter eines Königs ist an einen reichen Bürger
verlobt. Dieser macht großen Aufwand in Kleidern,
in Häusern und Gastmählern und gibt der Braut Ge-
schenke von glänzender Schönheit; aber die Braut hat
kein Auge für all das. Warum? weil sie die Tochter des
Königs ist.
So reicht die Erde der Seele alle ihre Schätze dar. Aber
die Seele ist nie satt. Warum? weil sie die Tochter des
Himmels ist.

II, 41

Rabbi Hillel verabschiedete sich von seinen Schülern
und verließ das Lehrhaus. Aber die kamen ihm nach,
um ihn zu fragen, wohin er gehen wolle.
Ich gehe, um ein frommes Werk zu tun.
Was für eines denn?
Ich geh ins Bad.
Ins Bad? riefen sie erstaunt. Was ist denn daran fromm?
Sagte der Meister:
Ihr seht hier überall Statuen und Bildnisse der Fürsten
aufgestellt, vor dem Theater, an den öffentlichen Plät-
zen; und ihr könnt beobachten, mit welcher Sorgfalt
sie immer wieder gereinigt und frei von Staub gehalten
werden. Verdient da unser Leib, nach dem Bilde Gottes gemacht, nicht gleiche Sorgfalt und gleiche Ehre?

II, 231

Zwei Schiffe segeln im Meer: das eine verläßt den Hafen, das andere fährt gerade in den Hafen ein. Eine fröhliche Gesellschaft bereitet dem hinausfahrenden einen festlichen Abschied: Händeklatschen und Freudengeschrei begleiten die Abreise. Das Schiff, das gerade einfährt, beachtet niemand.

Ein verständiger Mann, der diese Szene beobachtet hat, sagt: das hier ist eine verkehrte Welt: wer abreist, wird gefeiert, dem Zurückkehrenden begegnet Gleichgültigkeit. Arme Toren! Feiert lieber das Schiff, das die Reise glücklich vollendet hat und aus den Gefahren, denen es ausgesetzt gewesen war, errettet ist; und weint über das Schiff, das abfährt und den Stürmen und Gefahren des Meeres entgegensegelt.

So machen es die Menschen: wird einer geboren, feiern sie ein Fest, stirbt er, so weinen sie. Sie sollten weinen, wenn einer geboren wird, weiß doch niemand, ob er in den Gefahren und Verführungen des Lebens bestehen wird; und lachen sollte man, wenn einer stirbt, der einen guten Namen hinterläßt. Wird ein Mensch geboren, so wird er ins Buch des Todes eingetragen; stirbt ein Mensch, wird er ins Buch des Lebens eingetragen.

II, 228

Als Rabban Jochanan ben Sakkai krank war, kamen seine Schüler zu ihm, um ihn zu besuchen. Als er sie sah, fing er zu weinen an. Seine Schüler sprachen zu ihm: Leuchte Israels, rechte Säule, mächtiger Hammer, warum weinst du?

Er sprach zu ihnen: Wenn man mich vor einen König von Fleisch und Blut führte, der heute hier ist und morgen im Grabe ruht, dessen Zorn, wenn er über mich zürnt, kein ewiger Zorn, und dessen Fessel, wenn er mich fesselt, keine ewige Fessel, und dessen Töten, wenn er mich tötet, kein ewiges Töten ist, den ich mit Worten versöhnen und mit Geld bestechen kann, so würde ich dessenungeachtet weinen. Doch jetzt, da man mich vor den König aller Könige, den Heiligen, gelobt sei Er, führt, der lebt und in alle Ewigkeit besteht, dessen Zorn, wenn er über mich zürnt, ein ewiger Zorn, dessen Fessel, wenn er mich fesselt, eine ewige Fessel, und dessen Töten, wenn er mich tötet, ein ewiges Töten ist, den ich nicht mit Worten versöhnen und mit Geld bestechen kann, und außerdem auch zwei Wege vor mir sind, einer zum Garten Eden (zum Paradiese) und einer zum Gehinnom (zur Hölle), und ich nicht weiß, welchen Weg man mich führen wird, soll ich da nicht weinen?

Sie sprachen zu ihm: Meister, segne uns!

Er erwiderte: Möge es der Wille (Gottes) sein, daß die
Furcht vor dem Himmel in euch so sei wie die Furcht
vor einem Menschen von Fleisch und Blut!
Da sprachen seine Schüler zu ihm: Nur so weit?
Er antwortete ihnen: Oh, wenn dem doch so wäre!
Wisset! wenn der Mensch eine Sünde begeht, spricht
er: Wenn mich nur nicht ein Mensch sehen möchte!

IV, 1, 61-62

Rabbi Elieser lag auf dem Krankenbett. Eines Tages besuchten ihn seine Schüler; der Leidende seufzte und sagte voll Kummer: Ach, ihr geliebten Freunde, Gottes Gerechtigkeit hat mich heimgesucht!

Die Freunde schwiegen betroffen, mit Tränen in den Augen. Rabbi Akibas Gesicht dagegen verriet eine Art innerer Heiterkeit: er lächelte.

Der arme Kranke, verwundert, beinahe unwillig, fragte ihn nach dem Grund seiner Heiterkeit.

Meister, sagte Akiba, solange dir alles auf Erden zulächelte, deine Weinberge süßen Wein hergaben, deine Ernten gut hereinkamen, dein Öl nicht ranzig wurde, dein Honig nicht verdarb – fühlte ich im Herzen eine quälende Unruhe. Ich fragte mich bange: mein Meister wird doch wohl nicht schon in dieser Welt seinen Lohn dahinhaben? Jetzt, da ich dich von Schmerzen geplagt sehe, schwindet meine Besorgtheit – und ich freue mich.

Der Kranke aber, von scharfen Stichen des Schmerzes gepeinigt, rief: O Akiba! worin habe ich gefehlt?

Meister, du bist es, der mich gelehrt hat, daß es auf dieser Erde keinen Menschen ohne Schuld gibt!

II, 96-97

Die Leiden sind wie das Salz. Salz war Sinnbild des göttlichen Bundes; Salz verzögert das Verderben des Fleisches.

II, 94

»Gott prüft den Gerechten und den Frevler, und wer Gewalttat liebt, den verwirft er.«
Will ein Töpfer die Qualität seiner Gefäße beweisen, so klopft er auf die starken und festen, nicht auf die schwachen, die beim ersten Schlag in Stücke gehen würden.
Wer gute Wolle hat, klopft und schlägt sie ohne Furcht: mürbe Wolle wagt er nicht einmal zu berühren.
Hat einer zwei Arbeitskühe, die eine stark und gesund, die andere schwach und krank – welcher wohl würde er das Joch auf den Hals legen? Der stärkeren!
Sieh – darum prüft der Herr die Gerechten (mehr als die Frevler).

II, 32

Mose war ganz von Schmerz erfüllt, Aaron, seinem Bruder, die letzte Stunde ankündigen zu müssen. Er fand weder Schlaf noch Ruhe in der Nacht, und kaum leuchtete der Morgen, erhob er sich und ging voller Aufregung zu Aaron. Der war verwundert, den Bruder so früh zu sehen und fragte ihn, warum er komme. Ich habe die ganze Nacht nicht schlafen können, sagte Mose – ich ging im Geist so einige Dinge des GESETZES durch, die mir schwierig oder hart erschienen, darum bin ich beizeiten gekommen, um sie mit dir zu überlegen.

Und sie öffnen das Buch des GESETZES und fangen an zu lesen, von den allerersten Worten an. Und über jeder Stelle rufen sie einmütig aus: Das ist heilig! Das ist groß! Das ist gerecht! Und so kommen sie auch an die Geschichte von der Sünde Adams. Mose hält nachdenklich inne, und dann klagt er: Oh, Adam – du hast den Tod in die Welt gebracht!

Aaron sagt: Warum betrübst du dich darüber, Bruder? Führt nicht der Tod zu den Freuden des Eden?

Ach, es ist doch schmerzlich, versetzt Mose – ich hatte mit Engeln Umgang, du hast den Tod bezähmt, und dennoch müssen wir beide sterben. Was denkst du, wie viele Jahre wir noch zu leben haben?

Vielleicht zwanzig Jahre?

Oh, weniger! rief Mose aus. – Vielleicht fünfzehn? – Viel weniger! Von Mal zu Mal schätzte Aaron niedriger, bekam jedoch immer dieselbe Antwort. Bis eine schreckliche Vermutung sich der Seele Aarons bemächtigte und er ganz verwirrt wurde.

Der Bruder fragte ihn sanft: Wäre es dir nicht lieb, wenn man von dir wie von Abraham sagen könnte: »Er ging in Frieden zu seinen Brüdern«? Aaron verstand nicht, und Mose setzte hinzu: Wenn Gott dir ankündigte, daß du nach hundert Lebensjahren sterben wirst? – Ich würde sagen, daß Gott gerecht ist. – Und wenn Er dir ankündigte, daß du heute sterben wirst? – Ich würde sagen, daß Gott gerecht ist und nur mein Bestes will. – Nun, wenn du so bereitwillig den Tod annimmst, so folge mir.

In jener Stunde sah man Mose, Aaron und dessen Sohn Eleasar, alle drei, zusammen den Berg hinansteigen. Und Aaron folgte dem Mose gehorsam wie ein Lamm, das man zur Schlachtbank führt. Die Israeliten ließen sie gehen, weil sie an nichts Schlimmes dachten. Und in der Höhe sprach Gott zu den Engeln: Schauet den neuen Isaak – er folgt dem jüngeren Bruder, der ihn zum Tode führt.

Auf dem Gipfel des Berges angelangt, öffnet sich geheimnisvollerweise vor ihren Augen eine Höhle. Sie treten ein und finden das Sterbebett, von Engeln bereitet. Aaron streckt sich darauf aus, ganz des Todes gewärtig.

Mose ruft: Wehe mir! Wir waren unserer zwei, als wir unsere Schwester zum Grabe geleiteten; in deiner letzten Stunde bin ich bei dir; wen werde ich in meiner letzten Stunde haben? Da eine Stimme aus der Höhe: Du wirst Gott haben!

Nun küßt von der einen Seite Mose, von der anderen der Sohn dem Sterbenden die Stirn, und sie beginnen das schmerzliche Werk, ihm die priesterlichen Kleider auszuziehen und Eleasar als seinen Nachfolger damit zu bekleiden. Sie nehmen das erste Kleidungsstück und ziehen es dem Eleasar an, dann das nächste – und so fort.

Wie so nach und nach die heiligen Glieder Aarons entblößt werden, bedeckt und verhüllt sie eine geheimnisvolle himmlische Wolke. Alles ist Schweigen, und Aaron scheint in süßem Schlaf versunken.

Schließlich fragt Mose: Mein Bruder, was fühlst du? Nichts, sagt Aaron – ich fühle diese ätherische Wolke, die mich einhüllt.

Nach kurzer Zeit fragt Mose wiederum: Aaron, was fühlst du? Ich fühle, sagt der, eine himmlische Wolke, die mich ganz umhüllt und mit Freude berauscht.

Aarons Seele entschwand gen Himmel, und Mose wiederholte noch einmal: Aaron, was fühlst du? Und die Seele antwortete: Ich fühle eine solche Freude, daß ich bedauere, daß es erst jetzt geschieht!

Und Mose ruft: O Glücklicher, du! O süßer Tod! O – würde mir doch ein gleicher Tod zuteil!

Mose und Eleasar steigen allein vom Berg herab. Das Volk klagt und jammert über das Verschwinden Aarons.

Aber sieh die Höhle! Sie steht auf einmal zum Himmel hin offen, und Engel singen: »Seine Lippen kündeten das GESETZ der Wahrheit.«

II, 313-315

Der süßeste Tod ist der Tod im göttlichen Kuß. Die Seele löst sich vom Körper, wie man ein Haar aus der Milch zieht.

II, 72

120

In seiner letzten Stunde, wenn er die Erde verläßt, ergötzt sich der Gerechte an einem Gesicht, das der Schatten eines himmlischen Gesichtes ist.
Aber in die Unermeßlichkeit dieses Gesichtes dringt der Gerechte nicht ein – nicht einmal die Engel, die ewiges Leben haben.

II, 64

»Nicht einmal seinen Gerechten vertraut Gott«, sagt Eliphas aus Teman zu Hiob.
Ein Tora-Gelehrter dachte über diese Worte nach und meinte schließlich, bewegt und verwirrt: Wenn Er auf Seine Heiligen kein Vertrauen setzt – in wen wird Gott dann Sein Vertrauen setzen?
Eines Tages ging er über ein Feld spazieren, sah zufällig einen Landmann, der Feigen von einem Baum pflückte, und blieb stehn, um ihn zu beobachten. Der Landmann ließ die reifen auf dem Baum, andere, noch nicht voll reife, riß er ab und legte sie in einen Korb.
Der Weise, darüber verwundert, fragte den Landmann: Die du dran läßt, sind doch besser – warum pflückst du nicht die ab?
Meister, erwiderte der Mann, ich such mir einen Vorrat für die Reise. Die noch nicht ganz reif sind, halten

sich besser und faulen nicht – die andern würden schnell verderben.

Der Gelehrte dachte bei sich: jetzt weiß ich, warum viele Gerechte eines frühzeitigen Todes sterben. Gott hat kein Vertrauen auf seine Heiligen – er pflückt sie ab vor der Zeit, damit sie nicht zu Schaden gehen.

II, 59-60

Im letzten Gericht wird der Herr den Genius des Bösen
den zu Richtenden vor Augen stellen. Oh, wie verschieden wird er den einen und den anderen erscheinen.
Für die Frevler wird er das Aussehen eines sehr feinen,
fast ungreifbaren Körpers haben; den Gerechten wird
er wie ein ungeheurer Riese vorkommen.
Die einen wie die anderen werden schmerzlich weinen.
Die Gerechten werden bewegt sprechen: Oh, wie nur
haben wir mit einem solch mächtigen Riesen kämpfen
und ihn besiegen können?
Die Frevler werden bestürzt ausrufen: Oh, wie nur
haben wir einen solch schwachen Faden nicht zerreißen
können?

II, 73

In der Zeit, die einst kommt, wird der Heilige, gesegnet sei Er, Israel die Gründe der Tora offenbaren . . .
Und all die Gerechten setzen sich auf ihre Throne, essen und freuen sich, und trinken wohl drei Becher vom Würzwein, wie gesagt ist: *»Letzen werde Ich mit Würzwein dich.«* Dann mischt man ihnen den Becher des Segens.

Nachdem sie gegessen, getrunken und gesegnet haben, bringt der Heilige, gesegnet sei Er, die Tora heran, legt sie in Seinen Schoß und bespricht aus ihr Makel und Reinigung, Verbot und Erlaubnis . . . Und David singt ein Lied vor dem Heiligen, gesegnet sei Er, und aus dem Garten Eden antworten darauf die Gerechten: *»Amen, gesegnet sei Sein großer Name in Weltzeit und in Weltzeit-Gezeiten. Gesegnet!«*
Und die Abtrünnigen Israels antworten Amen aus der Stätte der Verdammnis.
Sogleich spricht der Heilige, gesegnet sei Er, zu den Dienenden Boten: Wer sind diese, die Amen antworten aus der Stätte der Verdammnis? – Da spricht einer vor Ihm: Meister der Welt, das sind die Abtrünnigen Israels; obgleich sie in großer Bedrängnis sind, raffen sie sich auf und sprechen vor Dir: Amen.
Sogleich spricht der Heilige, gesegnet sei Er, zu den

Boten: Öffnet ihnen die Tore des Gartens Eden, daß sie kommen und singen vor mir, wie gesagt ist: *»Öffnet die Tore, daß komme der Stamm, der bewährte, schomer emunim: der die Treue hält«*; lies nicht: schomer emunim, sondern: scheʿomrim amenim: der Amen gesprochen hat.

I, 332-334

Nachweis der Sammelwerke, denen die hier abgedruckten Texte entnommen sind.
Die arabische Ziffer nach der römischen gibt die Seitenzahl des zitierten Werkes an.

I.
Sendung und Schicksal.
Von Nahum Norbert Glatzer und Ludwig Strauss.
Nachdruckerlaubnis durch Schocken Books Inc., New York.

II.
Parabeln, Legenden und Gedanken aus Thalmud und Midrasch.
Gesammelt und geordnet von Guiseppe Levi, aus dem Urtext ins Deutsche übertragen von Ludwig Seligmann.
Leipzig 1863.
Diese Texte wurden sprachlich neu gefaßt.

III.
Die Sagen der Juden.
Gesammelt von Micha Josef bin Gorion.
Neu herausgegeben von Emanuel bin Gorion.
Insel-Verlag, Frankfurt a. M. 1962.

IV, 1
Quellenbuch zur jüdischen Geschichte und Literatur von Julius Höxter.
Kauffmann Verlag, Frankfurt a. M. 1930, mit Genehmigung des Victor Goldschmidt Verlages, Basel, als Rechtsnachfolger.

V.
Sendung und Schicksal des Judentums – Aus nachbiblischen Quellen.
Mitgeteilt von Nahum Norbert Glatzer.

(Neue Fassung – auch im Umfang verändert – von dem unter I.
zitierten Werk.)
Verlag Jakob Hegner, Köln 1969.

VI.
Der Born Judas.
Legenden, Märchen und Erzählungen.
Gesammelt von Micha Josef bin Gorion.
Herausgegeben von Emanuel bin Gorion.
Insel-Verlag, Wiesbaden 1959.

Zitiert wurde außerdem aus:

VII.
Jüdischer Glaube.
Eine Auswahl aus zwei Jahrtausenden.
Herausgegeben von Kurt Wilhelm.
Verlag Schibli-Doppler, Birsfelden – Basel, o. J.

VIII.
Leo Prijs, Die Jüdische Religion – Eine Einführung.
Pfeiffer-Verlag, München 1977.

Franz Kafka, Vor dem Gesetz
Aus: Erzählungen Copyright 1935 by Schocken Verlag Berlin.
Copyright 1946/43 by Schocken Books Inc. New York.
Lizenzausgabe im S. Fischer Verlag GmbH. Frankfurt a. M.

Hinweis: »Der Wünsche« – die große Sammlung alter Midraschim,
erstmalig ins Deutsche übersetzt von August Wünsche – ist als
Reprografischer Nachdruck der Ausgabe Leipzig 1880 unter dem
Titel Bibliotheca Rabbinica in der Georg Olms Verlagsbuchhand-
lung, Hildesheim 1967, erschienen. 5. Bde.

»Texte zum Nachdenken«

Franz von Assisi · Geliebte Armut
Band 630, 128 Seiten, 7. Aufl.

Der Rosengarten · Orientalische Märchen
Erzählt und geschrieben von Linde Thylmann
Zeichnungen von Karl Thylmann
Band 631, 96 Seiten, 5. Aufl.

Mahatma Gandhi · Handeln aus dem Geist
Band 632, 128 Seiten, 5. Aufl.

Weisung in Freude ·
Aus der jüdischen Überlieferung
Band 633, 128 Seiten, 3. Aufl.

Friedrich Rückert · Am Abend zu lesen
Aus der »Weisheit des Brahmanen«
Band 654, 128 Seiten, 3. Aufl.

Henry D. Thoreau · Leben aus den Wurzeln
Band 655, 128 Seiten, 3. Aufl.

Gesänge des tanzenden Gottesfreundes
Aus der Dichtung des persischen Mystikers Rumi
Mit Ornamenten von Karl Thylmann
Band 679, 128 Seiten, 2. Aufl.

Brüder Grimm · Das Wunderbare ist das Wahre
Mit alten Märchenillustrationen
Band 684, 128 Seiten, 2. Aufl.

Der Himmel liebt die Erde
Weisheit des christlichen Ostens
Band 690, 128 Seiten, 2. Aufl.

Friedrich Weinreb · Buchstaben des Lebens
Band 699, 128 Seiten

Herderbücherei